中华根文化·中学生读本

谋者之言

《孙子》选读

主编 黄荣华
编选 张慧腾

复旦大学出版社

人之需（代总序）

  一直想给中学生朋友编一套中华传统文化方面的读本。
  作为中学语文教师，我们有自己的理由——
  中华古代文化浩如烟海，书市上古代文化方面的图书也不计其数，但专门面向现代中学生的普通读本却很难找到，更不要说那种切合中学生阅读心理，精心选材、精心作注、精心释义的系列丛书了。
  而从一名中学语文教师的角度看，当今中国语文教育，最缺失的一块又恰恰是对中华传统文化的敬重、理解与传承。
  众所周知，新中国成立60多年来的语文教育被当作两个大的工具在使用：一是作为政治工具，大致对应1949—1980年的30年间；二是作为应试工具，1980年以后的30余年皆如是。前者是自上而下的自觉行为，后者是"变态"行为——教育本来是指向学生的全面发展的，但因为"高考列车"越跑越快所产生的巨大无比的力量，语文也已完全沦落为应试的工具。

在这样的教育中，没有文化，或者说对文化的漠视，已成为语文教育的一个并不为多数人清醒地意识到的"传统"；丢弃传统文化，甚至鄙薄传统文化，也已成为语文教育的一个并不为多数人清醒地意识到的"传统"。

在这样的教育中，现代语文教育的本质意义——作为培育"民族文化之根"的意义，作为培育"效忠于"、"皈依于"中华民族的现代公民的意义，已基本丧失。

而中华民族现代前行的艰难身影又告诉我们：我们的教育，我们的语文教育，必须敬重、理解、传承中华传统文化。

中华传统文化作为中华文明的载体，其两大支柱是儒与道。而作为现世人生精神支柱的文化，又主要是儒家文化。儒家文化又以孔子为核心，孔子文化的核心是"仁"——"仁者""爱人"。何为"爱人"？孔子"一以贯之"的是"忠恕"二字——"己所不欲，勿施于人"，"己欲立而立人，己欲达而达人"。用现在的话说就是：自己不想要的不强加给别人，自己想要的也要让别人拥有。这样，人与人就会友爱，社会就会和谐，人类就会幸福。而支撑这一社会理想的核心思想是：人与人的平等性。

从近一个半世纪的中国近代历史进程看，由于受列强的侵略，我们民族怀疑甚至痛恨过我们的传统文化，认为那是我们落后挨打之源。所以，我们曾经把传统文化作为落水狗一般痛打。但从我们逐步摆脱"挨打"、"挨饿"之后"挨骂"的现实看，我们现在最缺失的就是传统文化中的"忠恕"二字。不"忠"就不"诚"，不"诚"就无"信"；不"恕"就不"容"，不"容"就无"爱"。当今社会的许多问题之源，正在于无"信"无"爱"。

人之需（代总序）

要化解民族前行过程中出现的种种问题与矛盾，当然要从政治、经济、科学、军事、艺术、伦理、道德等各个方面去思考，但在教育过程中，在生活的各个方面，敬重、理解、传承我们传统文化的精髓，应当成为我们思考的重要内容。当我们通过教育，通过生活方方面面形成的教化体系，能将我们传统文化的精髓与现代民族意识融为一体，内化为崭新的民族精神，并使其上升为民族得以昂然立身的中华现代文明，那我们民族就真正完成了由古代到现代的转型，我们的国家就成为一个崭新的现代民族国家，我们的人民就会成为"具有中国心的现代文明人"（当代著名教育家于漪老师语）。

有了这样的愿望，就总希望能为实现这样的愿望尽微薄之力。所以我们带着对中华传统文化的敬意，乐意尽自己最大的力量为中学生朋友推介中华传统文化。

同时，作为语文教师，我们还感到，要真正理解语言，掌握语言，就必须理解文化，特别要理解传统文化。

语言学研究表明：语言的理解与运用，归根结底是与某个社会群体的认知方式、道德规范、文化传承、价值标准、风俗习惯、审美情趣等特定的文化因素相关联的；语言运用得得体，既要遵循语法规则，更要遵循文化规则。由于汉语的组织特点是"文便是道"，"以意役法"，即意义控制形式，"意在笔（言）先"，所以文化规则在汉语的组织运用中更有着突出的意义。又由于汉语是由汉字联属而成，而汉字是世界上最古老的文字之一，更是世界几千年间唯一没有中断其历史的文字；每个走过几千年的汉字都有深厚的文化沉淀，可谓一个汉字就是一个广博精深的文化单元，就是一个意趣醇厚的审美单元(鲁迅先生曾在《汉文学史纲要·自文字至文章》中指出,汉字有"三美":"意美以感心","音美以感耳","形美以感目"),故此,要让孩子们准确地把握经典文本表达的意义,恰当地表述自己的观点,得体而有效地与人交际,就要引导他们了解、掌握语言背后蕴含的丰富的文化信息。

现在只有无知者才不会承认,中华文明体是一个坚实、深刻、厚重、博大的文化体系。这个文化体系已将自己的精神文化贯彻到了人们可见、可知甚至可感的世界的每一个角落,渗透在人们气血经脉、意识与潜意识之中,正所谓"致广大而尽精微"(《中庸》)。在这个"致广大而尽精微"的文化体系中,天、地、人的分工、边界及其协调与平衡,都有着清晰、真切、表情生动的表达;在这个体系中,中华民族已建立起了自己独一无二的生活方式——在天与地之间,堂堂正正地做人,做一个大写的人。由此,中华民族也就有着有别于一切民族的独特的文化——天地之间的人文化,而不是天界中的神文化,不是地界中的鬼文化。尽管我们的文化中不可避免地要涉及神鬼,但总体而言是"敬鬼神而远之"。由此,我们也就会真正明白,为什么诸子百家中的任何一家最终都将自己的精神内核指向了人,为什么我们几千年的文化主体选择了"儒"——人之需!如果不了解、不理解这样的文化,就不能真正读懂我们的文化原典,就不能真正听懂古今经典之作的汉语述说,就很难得体地用好已走过了几千年的民族语言。

基于上述两大理由,我们编著了这套《中华根文化·中学生读本》。

"根文化"就是"文化之根"。它表明这套读本关注的是中华

人之需（代总序）

文化最根本的部分。这又有两层意思：一是读本的内容选择上，关注代表根文化的内容；二是在注解、翻译、释义上，关注所选内容最本原的意义，基本不做现代阐释。

作为"中学生读本"，我们尽可能适合中学生的文化心理。每个选本均按主题组织若干单元，并写单元导语；用浅近的白话注解、翻译、释义，力求简洁明了。

《中华根文化·中学生读本》第一辑15种，主要选取先秦时期的文本，包括《兴于诗——〈诗经〉选读》《立于礼——"三礼"（〈周礼〉〈仪礼〉〈礼记〉）选读》《成于乐——〈乐记〉〈声无哀乐论〉选读》《仁者之言——〈论语〉选读》《义者之言——〈孟子〉选读》《君子之言——〈荀子〉选读》《智者之言——〈老子〉选读》《达者之言——〈庄子〉选读》《爱者之言——〈墨子〉选读》《法者之言——〈韩非子〉选读》《忠者之言——〈楚辞〉选读》《谋者之言——〈孙子〉选读》《"春秋"大义——〈春秋〉三传选读》《"诸侯"美政——〈国语〉选读》《"战国"争雄——〈战国策〉选读》。

由于我们的浅陋，尽管做出了很大努力，但牵强、错误之处一定不少，期待方家指正。

黄荣华
2012年2月10日

前　言

　　我国现存最早的兵书——《孙子兵法》堪称中国兵学文化的顶峰之作，《四库全书》将其称为"百代谈兵之祖"，它的成就与地位超越时代，超越国界，影响深远。阅读《孙子兵法》以窥斑见豹，可以对中国兵家学说、军事文化等产生直观的认识和了解。

　　《孙子兵法》也称《吴孙子兵法》，因其作者相传是春秋末期吴国的将领孙武。孙武的生平可以参见司马迁《史记》中的《孙子吴起列传》。吴王阖闾意欲伐楚，从楚国投奔而来的伍子胥前后共七次向他举荐孙武，吴王终于决定召见孙武。孙武初出茅庐，在吴宫指挥吴王嫔妃操练，三令五申之后将吴王最宠爱的两位女人斩首，以明军纪。自此，孙武率领吴军多次攻伐楚国，取得辉煌战绩，也奠定了吴国的霸主地位。然而，孙武为吴国立下赫赫战功之后，便不辞而别，不知所终，史书上也没有记载孙武最后的归宿，让后人猜测、唏嘘。好在《孙子兵法》的传世，让我们能通过两千年前的文字了解孙武非凡的军事才华与风范，感受这位大军事家超常的睿智与冷静、周密与审慎，依稀回到风起云涌、群雄并起的春秋时代。

《孙子兵法》原为八十二篇，今存本六千余字分十三篇，依次为：计、作战、谋攻、形势、虚实、军争、九变、行军、地形、九地、火攻、用间，呈现了一个完整和全面的军事思想体系。为了便于阅读，本书提取《孙子兵法》所论述的一些重要主题，保留绝大部分内容并重新编排各章节，形成了"兵者何为"、"为将之道"、"成于事先"、"知彼知己"、"知天知地"、"因敌制胜"、"变幻无穷"等七个单元，第一单元为总说，介绍兵家对战争内涵与性质的论说。战争的主体是人，故而第二单元重点探讨战争的核心主体"为将者"的要求与原则。第三、四、五单元围绕战前谋划，体现兵家对"慎战"与"备战"的推崇。第六、七单元围绕战中谋略，体现兵家战术的主动性与灵活性。本书每个单元又包括若干章节，每个章节都起了一个独立的标题，来突显其内容，也注明了该章节在原典的出处。这样的编法能比较鲜明地突出《孙子兵法》思想的精华，尤其是体现孙子重"谋"的思想。在《孙子兵法》中，一切战争的要素都可以且必须预知，为将者要根据具体情况的变化来谋划和制定策略，从而确保在战争之前充分准备，拥有不败的把握，在战争之中因敌而变，最终出奇制胜。在中国古代各类兵书中，《孙子兵法》以重"谋"的特色独树一帜，具有战略高度与哲学色彩。

兵法的内容自然扎根于其产生的特定的历史时期和社会背景，研究《孙子兵法》固然不能脱离成书的春秋年代。然而，《孙子兵法》又不局限于时代，其中的很多重要思想和经典理论，如"上善伐谋"、"不战而屈人之兵"、"出奇制胜"、"知彼知己"等，可

前　言

以用来对中国历史上各种战例反映的规律和原则做出精辟概括与深刻揭示，时至今日依然非常适用，甚至难以超越。更重要的是，《孙子兵法》也不仅限于军事理论，它所揭示的道理对政治、经济、文化乃至体育等方方面面都有启示作用，也是丰富人生智慧的重要宝库。此外，作为诸子散文之一的《孙子兵法》凝练整饬的语言和形象生动的阐述具有很高的文学价值，同时也是我们理解先秦思想文化无法绕过的珍贵史料。

在很长一段历史时期内，人们并不知道《孙子兵法》的真正作者，有人认为它是另一位先秦著名军事家孙膑的作品（先秦诸子都被尊称为"子"），甚至由于先秦史书没有对孙武的记载而怀疑孙武其人是否存在。直到1972年在山东临沂县银雀山西汉墓中重新发现了《孙膑兵法》的残简，才解开了疑团。《孙膑兵法》也称《齐孙子兵法》，相传由战国时期齐国人孙膑所著，根据《汉书·艺文志》记载，共八十九篇。现存残简约一万一千余字，有关研究者将其整合为十八篇。

孙膑是孙武的后裔，在军事天赋与才智上得益于家学渊源，他教田忌赛马、与庞涓斗智的典故耳熟能详。他的《孙膑兵法》在体系与风格上与《孙子兵法》一脉相承，而且对《孙子兵法》的理论作了进一步的发展，包括"以人为贵"的治军原则、克敌制胜的战争谋略、利用地形的战术思想等。本书节录了《孙膑兵法》中的相关内容，分别编入各单元之中，以便与《孙子兵法》互相阐发、比较，对有关问题也可以有更全面更深入的理解。为了以示区别，在本书注解、今译和释义中，凡是有关孙膑的内容都直称"孙膑"，而"孙子"专指孙武。其实，二人无论在当时还是后世都足堪以"孙子"称之。

  《孙子兵法》、《孙膑兵法》作为军事著作，自古为历代统兵指挥的将领与出谋划策的军事家所熟读。生活在和平年代的我们阅读兵法，并不用来直接指导作战，也不是用来一味算计争夺、片面追逐利益，而是要尝试走近传统文化，领悟先贤智慧，获得人生启迪。

  本书的选文参考了几种目前通行的版本，在《孙膑兵法》部分，由于残简存在文字内容的缺漏，为保持原貌，文献缺漏处以"□"表示，缺漏内容较多的以省略号表示，在今译部分也以大致疏通内容为主，以便于一般读者阅读和理解。

contents 目录

第一单元　兵者何为 / 1
　　　　　国之大事 / 3
　　　　　兵者不可不察 / 4
　　　　　合于利而动 / 8
　　　　　兵者诡道 / 10
　　　　　不战而屈人之兵 / 14
　　　　　用兵之害 / 17
　　　　　军争利危 / 20
　　　　　贵胜不贵久 / 22
　　　　　兵之急者 / 23
　　　　　兵之四用 / 25

第二单元　为将之道 / 29
　　　　　知兵之将 / 31
　　　　　王者之将 / 32
　　　　　择人任势 / 34
　　　　　料敌制胜 / 36
　　　　　听计必胜 / 38
　　　　　将者国之辅 / 39
　　　　　兵情如弩矢 / 41

将有五危 / 43
败之六道 / 45
将之廿败 / 47
将之卅二失 / 49
胜在篡卒 / 53
将者之义、仁、德、信 / 55
令素行 / 56
令民素听 / 59
施赏悬令 / 60
视卒如子 / 61
用兵移民之道 / 63
投之无所往 / 65
善用兵者 / 68
用民得其性 / 70
将军之事 / 72

第三单元　成于事先 / 75
庙算知胜 / 77
五事七计以知胜负 / 78
知胜之五道 / 83
恒胜有五 / 85
以形相胜 / 86
以万物之胜胜万物 / 91
所以胜不可一也 / 93
胜可为 / 95

第四单元 知彼知己 / 97
　　　　　知彼知己 / 99
　　　　　相敌三十三法 / 100
　　　　　知敌之情 / 106
　　　　　五间之用 / 108
　　　　　以上智为间 / 111

第五单元 知天知地 / 113
　　　　　四知而全胜 / 115
　　　　　兵以诈立 / 117
　　　　　因地之利 / 121
　　　　　地之六道 / 123
　　　　　地之道 / 126
　　　　　用兵九地 / 129
　　　　　九变五利 / 132
　　　　　九地之变 / 134
　　　　　处军之地 / 136
　　　　　雄城与牝城 / 140
　　　　　知战之地，知战之日 / 143
　　　　　抚时而战 / 144

第六单元 因敌制胜 / 147
　　　　　深入则专 / 149
　　　　　取用于国，因粮于敌 / 150
　　　　　夺爱则听 / 155
　　　　　四要八忌 / 157

杂于利害 / 160
以迂为直 / 162
致人而不致于人 / 164
量敌而动 / 165
众寡有道 / 167
必战有道 / 171
动敌以形 / 172
避实击虚 / 174
以众击寡 / 176
善者薄敌 / 178
击敌十道 / 181
兵有五名 / 187
五恭五暴 / 189
巧能成事 / 190
围魏救赵 / 193

第七单元 变幻无穷 / 201
因利制权 / 203
奇正相生 / 204
奇正无穷 / 207
势险节短 / 208
应形于无穷 / 210
兵无常势 / 212
五火之变 / 214
火战之法 / 217
水战之法 / 219

第一单元

兵者何为

　　研读兵法,我们首先自然要探讨"兵"到底是什么含义。从战略和全局上掌握兵家对"兵"的界定与诠释,将有助于我们从宏观与微观层面学习兵法的内涵。

　　"何为",一者可以解释为"是什么",即对"兵者"概念的阐发,二者也可以解释为"为什么",即对"兵者"的意义、作用与价值的认识。

　　战争意义重大,关乎存亡,而战争的最高境界绝不是一味地攻城夺寨、斩将杀敌,战争的本质究竟是什么,战争有哪些弊端与害处?这能帮助我们更好地把握战争的优势与利处。

　　对"兵者何为"的见解,是贯穿《孙子》全书的,本单元选读的内容,将试图回答这些问题。此外,《孙膑兵法》中对战争的性质和原则有精辟的提炼,与孙子所言大致接近,可以比较参考。

第一单元　兵者何为

国 之 大 事

【原文】

孙子曰：兵①者，国之大事，死生之地，存亡之道②，不可不察③也。

——孙子兵法·计篇第一

注解

①战争。　②死生之地，存亡之道：关系着人的生死和国家存亡。"地"，也可以解释为地形上的生地与死地。　③察：深入考察、研究。

【今译】

孙子说：战争是国家的大事，它关系到百姓的生死，国家的存亡，不能不认真地考察和研究。

【释义】

《孙子兵法》每篇都以"孙子曰"开头，据此可以判断本书是由孙子的弟子或再传弟子所录。《孙子》十三篇都是孙子之言的记载。对于本章中"死生之地"一词的理解历来存在争议，本文取其虚指的意义，也有人认为《九地篇》中有"生地"与"死地"的概念，可以看作是对"地"的具体阐释。

作为全书的开篇，本章强调了战争的重要性，它关乎到个体的生命与国家的安危，充分重视战争的意义与影响是其他一切的前提，可谓发人深省。

兵者不可不察

【原文】

孙子见威王，曰："夫兵者，非士①恒势也。此先王之傅②道也。

第一单元 兵者何为

战胜，则所以在亡国而继绝世也。战不胜，则所以削地而危社稷③也。是故兵者不可不察。然夫乐兵④者亡，而利胜⑤者辱。兵非所乐也，而胜非所利也，事备⑥而后动。故城小而守固者，有委⑦也；卒寡而兵强者，有义也。夫守而无委，战而无义，天下无能以固且强者。

尧有天下之时，黜王命而弗行者七，夷⑧有二，中国⑨四……素佚而致利也⑩。战胜而强立，故天下服矣。昔者，神戎战斧遂⑪；黄帝战蜀禄⑫；尧伐共工⑬；舜伐厥□□而并三苗⑭……管；汤放⑮桀；武王伐纣⑯；商奄⑰反，故周公浅⑱之。故曰，德不若五帝⑲，而能不及三王⑳，智不若周公，曰我将欲责㉑仁义，式㉒礼乐，垂衣裳㉓，以禁争夺。此尧舜非弗欲也，不可得，故举兵绳㉔之。"

——孙膑兵法·见威王

注解

①士：同"恃"。　②傅：同"敷"，布，施。　③社稷：国家。社，土神。稷，谷神。　④乐兵：好战。　⑤利胜：贪图胜利。　⑥事备：做好战争的准备。　⑦委：物资储备。　⑧夷：泛称与华夏相对的少数民族。　⑨中国：中原地区。　⑩此句残缺，原文大概是说帝王不能无所作为而致利。佚，同逸，安闲。　⑪神戎，即神农。斧遂，补遂。　⑫蜀禄：涿鹿，地名。　⑬共工，传说中的部落首领。　⑭并：同"屏"，屏除，放逐。传说舜曾征伐过南方部落三苗。　⑮放：流放。　⑯武王：周武王，周王朝的建立者。纣：商纣王，商朝最后一个王。

⑰奄：商的同盟国，在今山东曲阜东。　⑱周公：周武王。浅，同"践"，毁灭。　⑲五帝：据《史记》，指黄帝、颛顼(zhuān xū)、帝喾(kù)、尧、舜。　⑳三王：夏、商、周三代开国的君主，即夏禹、商汤、周文王和周武王。　㉑赉，同"积"。　㉒式，用。　㉓垂衣裳：比喻雍容礼让，不进行战争。　㉔绳，纠正，以战争解决问题。

【今译】

孙膑拜见齐威王，说："用兵打仗，不是可以永久依赖的手段。这是先王传下来的道理。

战争胜利，就可以使濒临危亡的国家继续存活，使将要灭绝的宗族世系得以延续下去。战争失败，就必须削减和割让土地，从而危及国家的生存。所以，对待战争问题不得不认真地加以考察。然而那些好战的人经常遭遇失败、导致灭亡，那些贪图胜利的人常常遭受屈辱。用兵打仗不是用来取乐的事情，胜利也不是靠贪求而能得到的，打仗必须做好充分准备，才能付诸行动。因此，城池很小但是防守坚固，是因为储备充足；士兵人数少但是战斗力顽强，是因为坚守正义。倘若防守却缺乏物资储备，发动战争但却不讲正义，天下没有能凭借这样固守城池并保持强大的人。

尧治理国家时，拒绝王命而不执行的部落共有七个，其中蛮夷地区两个，中原地区四个……只因尧注重休养生息，积蓄力量，才创造了有利条件，战胜了各部落，而居于强者地位，天下都归服于他。从前，神农氏和斧遂作战，黄帝和蜀禄交锋，尧讨伐共工，舜征讨𩇯……及平定三苗……商汤驱逐夏桀，周武王讨伐商纣王，商奄造反，周公很快就平定了叛乱。所以说，有些人功德不如五帝，才能不如三王，智慧不如周公，却说我要以积蓄仁义，实行礼乐，不用武力，来制止争夺。这种方法并不是尧、舜不想施行，而是行不通，只好用战争去制止战争。"

【释义】

与孙武一样，孙膑也用"不可不察"表达要对战争充分慎重的观点。他认为，战争在一定情况下是不可避免的，一切为了取得胜利以保全土地与国家。要获得战争的胜利有两个重要条件：准备充分与正义在握。为了证明这一观点，他列举了尧、舜、神农、黄帝、商汤、周武王等人以战争统一国家，以战争除暴安良等历史事实，明确强调战争的必要性，是所谓"责仁义，式礼乐"不可取代的。我们渴望和平与安宁，但获得它的手段可能就是暴力而残酷的战争，认识战争的必要性并非好战，孙膑也指出"乐兵者亡，而利胜者辱"，反对穷兵黩武，他的目的是真正利用战争换来国家的持久与稳定。

合于利而动

【原文】

夫战胜攻取而不修其功者①凶,命曰"费留"②。故曰:明主虑之,良将修之,非利不动,非得③不用④,非危不战。主不可以怒而兴师,将不可以愠而攻战。合于利而动,不合于利而止。怒可以复喜,愠可以复说,亡国不可以复存,死者不可以复生。故明主慎之,良将警之。此安⑤国全军之道也。

——孙子兵法·火攻篇第十二

注解

①不修其功:不致力于获得彻底成功。或是不能巩固胜利成果;或是不能达到战略目的;或是不能奖赏有功人员。 ②费留:白白耗费战争资源。 ③得:取胜。 ④用:用兵。 ⑤安:使安稳,使稳定。

【今译】

凡是打了胜仗,攻取了土地城邑,但不能巩固战果的,会很危险,这种情况叫做"费留"。所以说:明智的国君要慎重地考虑

第一单元　兵者何为

这个问题,贤良的将帅要严肃地对待这个问题,没有利益不要行动,没有取胜的把握不能用兵,不到危急关头不要发动战争。国君不可因一时愤怒而发动战争,将帅不可因一时气忿而出阵求战。符合国家利益才用兵,不符合国家利益就停止。愤怒可以重新变为欢喜,气忿可以重新转为高兴,但是国家灭亡了就不能复存,人死了也不能再生。所以,对待战争,明智的国君应该慎重,贤良的将帅应该警惕。这才是安定国家、保全军队的道理啊。

【释义】

"夫兵犹火也",《火攻篇》的最后一章,是对明主良将的重要警示。战争的原则是"合于利而动",抛去道义的因素,战争的本质即争夺利益的手段。是否得利,能否得全利才是衡量战争发动与否的指标。不过,战争毕竟是人为的,作为主帅与将军,切不可逞一时之怒而丧失理智,对于存亡生死"不可不察也",与本书开篇似遥相呼应。本章也体现了孙子可贵的理性精神。

兵者诡道

【原文】

兵者，诡道①也。故能而示之不能，用②而示之不用，近而示之远，远而示之近。利而诱之③，乱而取④之，实⑤而备⑥之，强而避之，怒而挠之⑦，卑而骄之，佚⑧而劳⑨之，亲而离之⑩。攻其无备，出其不意。此兵家之胜⑪，不可先传⑫也。

——孙子兵法·计篇第一

【注解】

①诡道：欺诈、多变的方式。诡，诡诈。　②用：采取某种行动。　③利而诱之：对于贪利的敌人就用利益来引诱它。　④取：夺取，攻取。　⑤实：有实力。　⑥备：防备，戒备。　⑦怒而挠之：敌人士气旺盛，我方就扰乱他们。怒，士气旺盛，一说指发怒。挠，扰乱，又可解释为屈服。　⑧佚：安逸。　⑨劳：使疲劳。　⑩离，离间。　⑪胜：精妙。　⑫不可先传：不可以事先讲明。传，传授。

【今译】

用兵打仗，是一种诡诈之术。所以，有能力进攻，却表现出

兵者，诡道也。故能而示之不能，用而示之不用，近而示之远，远而示之近。

第一单元　兵者何为

没有能力进攻的样子；将要采取军事行动，却装作不准备采取行动的样子；要想攻打近处，装作要攻打远处；要想攻打远处，却装作攻打近处；敌人贪利，就用利益来引诱它；敌人内部混乱就要出兵攻取；敌人力量充实就要防备；敌人实力强大就避其锋芒；敌人气势汹汹就扰乱它；敌人谦卑就要使之骄横；敌人安逸就要使之疲劳，敌人内部和睦，就要离间他们。要在敌人没有防备处攻击，在敌人料想不到的时候采取行动。这是兵家制胜的精妙所在，而且不可预先泄露。

【释义】

　　本章揭示了战争的本质——诡诈，《军争篇》中的"兵以诈立"表达的也是同一个意思。既然战争关系到国家的命运，那么对战争过程不择手段的追求也显得顺理成章。是"阴谋"还是"权谋"？这样的定性并无太大意义。其实，根源不在于"兵者，诡道"，而在于发动战争本身的目的与动机。本章"攻其不备，出其不意"这八字原则是对上述十二种"诡道"最好的概括。

谋者之言

选读

不战而屈人之兵

【原文】

孙子曰：凡用兵之法，全国为上，破国次之①；全军②为上，破军次之；全旅③为上，破旅次之；全卒④为上，破卒次之；全伍⑤为上，破伍次之。是故百战百胜，非善之善者⑥也；不战而屈⑦人之兵，善之善者也。

故上兵伐谋⑧，其次伐交⑨，其次伐兵，其下攻城。攻城之法为不得已。修橹轒辒⑩，具器械⑪，三月而后成，距闉⑫又三月而后已。将不胜⑬其忿，而蚁⑭附之，杀士三分之一，而城不拔⑮者，此攻之灾也。

故善用兵者，屈人之兵而非战也，拔人之城而非攻也，毁人之国而非久也，必以全争于天下⑯，故兵不顿⑰而利可全，此谋攻之法也。

——孙子兵法·谋攻篇第三

注解

①全国为上，破国次之：未诉诸兵刃使敌方全国屈服是上等用兵策略，经过交战攻破敌国使之降服是次一等用兵策略。

第一单元　兵者何为

②军：泛指军队，亦作为军队编制单位。　③旅：军队编制单位，五百人为旅。　④卒：古代军队编制单位，一百人为卒。　⑤伍：古代最小的军队编制单位。五人为伍。　⑥善之善者：好中之好，最好的。　⑦屈：使屈服，征服，摧折。　⑧上兵伐谋：上等的用兵策略是以谋略取利。上兵，用兵作战的上策。伐，败坏，损害。伐谋，破坏敌人的作战谋略。　⑨伐交：破坏敌人的外交联盟。交，外交。　⑩修橹轒(fén)辒(yūn)：修建兵车。橹，上有望楼的战车。轒辒，兵车，古代用来攻城的四轮兵车。　⑪具器械：置备攻城的各种器用、械具。具，修置，准备。　⑫距闉(yīn)：凭借来攻城的向敌城推进的土丘。距，凭借。闉，通"堙"，攻城时在城墙边用土堆的山，是古代攻城必修之工事。　⑬胜：经得住，能承担。　⑭蚁：如蚁一样。　⑮拔：攻克，攻取。　⑯必以全争于天下：要用全胜的战略争胜于天下。　⑰顿：疲敝，挫伤。

【今译】

孙子说：大凡用兵的原则，使整个敌国降服是上策，击破敌国就次一等；使敌国整个军队降服是上策，打败敌人的军队就次一等；使敌人整个旅的队伍降服是上策,击破敌人整个旅就次一等；使敌人整个卒的队伍降服是上策，攻破它就次一等；使敌人整个伍的队伍投降是上策，击破它就次一等。因此，百战百胜，不算最好的用兵策略，不打仗而使敌方军队屈服，才算是最好的。

所以上等的用兵策略是以破坏敌人的谋略获胜，其次是以破坏敌人的外交获胜，再次是进攻敌人军队获胜，最下策才是攻取敌人的城池。攻城这一方法要万不得已时才使用。制造攻城的橹车、轒辒，准备各种攻城器械，需要花费三个月的时间才能完成，构筑攻城的土山又要三个月。将帅控制不住忿怒的情绪，驱使士卒像蚂蚁一样去爬梯攻城，使士卒伤亡三分之一，却不能攻克城池，这是攻城所带来的危害。

因此善于用兵的人，使敌人屈服而不以战争为手段，攻取敌人的城池而不以强攻为方法，消灭敌国而不靠持久的战争，一定用全胜的策略争胜于天下，因此军队不会疲顿而可以获得全胜，这是用谋略攻敌的方法啊。

【释义】

战争的目地是为了取胜，以达到存国生民的目的。孙子认为，战争应该以最小的投入获得最大的利益，他在《作战篇》指出战争成本巨大，所以依靠战争胜利获得的补充十分重要。"不战而屈人之兵"，可以说是孙子理想的战争状态，也体现了他作为兵家代表人物对人性的关怀。这一理想值得我们思考：战争无疑是血腥杀戮的野蛮行径，如果能够通过非战争的方式达到战略目的，那将是更人性也更文明的手段。"上善伐谋"，其实也可以说，整部《孙子》以一个"谋"贯穿全篇。依靠谋划不战而胜是最高明的用兵之道，

"谋"可以减少损失,获得全利。

用兵之害

【原文】

孙子曰:凡用兵之法,驰车千驷①,革车千乘②,带甲③十万,千里馈④粮,则内外⑤之费,宾客⑥之用,胶漆之材⑦,车甲之奉⑧,日费千金,然后十万之师举⑨矣。

其用战也胜,久则钝兵挫锐⑩,攻城则力屈⑪,久暴⑫师则国用不足。夫钝兵挫锐,屈力殚货⑬,则诸侯乘其弊⑭而起,虽有智者,不能善其后矣。

故兵闻拙速,未睹巧之久⑮也。夫兵久而国利者,未之有也。故不尽知用兵之害者,则不能尽知用兵之利也。

——孙子兵法·作战篇第二

【注解】

①驰车千驷(sì)：套四匹马的轻型战车一千辆。驰，奔、驱。驰车，轻便的战车。驷，四匹马拉的一辆车。　②革车千乘(shèng)：装载军械物资的兵车千乘。革车，装运辎重物资的车。乘，量词，用以计算车、马、舟等。　③带甲：披甲的将士。甲，铠甲，古代战士穿的用皮革或金属片制成的护身服。　④馈：运送。　⑤内外：这里指后方与前方。　⑥宾客：各国诸侯的使节及游士。　⑦胶漆之材：制作、维护各种军事器械的物资。胶和漆是古代用来制作、维护弓箭、铠甲等的材料。　⑧车甲之奉：千里行军车辆和铠甲修缮的花费。奉，给养、费用。　⑨举：兴起；发动。　⑩钝兵挫锐：兵器钝坏，军队锐气受挫。　⑪屈：竭尽。　⑫暴：暴露，显露。　⑬殚货：物资耗尽。殚，竭尽。　⑭弊：困乏，疲敝。　⑮兵闻拙速，未睹巧之久：用兵听说过用笨拙的办法求速胜，没有见过用巧妙的办法久拖不决的。拙，笨拙。速，速胜。巧，工巧。久，拖延。

【今译】

孙子说：按一般的作战常规，出动一千辆战车、一千辆运输车、十万披甲的军队，从千里之遥运送粮草，那么前后方的军需、宾客使节的招待费、胶漆器材的补充、车辆盔甲的供给等，每天都要耗费千两黄金，这样以后十万大军才能出动。

军队作战，但求速胜，拖延持久就会使军队疲惫，使锐气受挫，攻打城池就会耗尽人力，长期把军队驻扎在外，那么国内的

第一单元　兵者何为

财政就会不足。如果军队疲惫、锐气挫伤,战斗力下降,物资耗尽,那么诸侯国就会乘我国的疲敝而举兵进攻,即便有足智多谋的人,也难以收拾这种局面。

所以在用兵上,听说过用笨拙的办法求速胜的,没有见过用什么巧妙的办法久拖不决的现象。战争久拖不决而对国家有利,从来都没有过这样的事情。因此不能全面了解战争弊端的人,也就不能真正懂得战争的利处。

【释义】

要在战争中立于不败,首先要看到战争的代价与问题。所谓的兵法、计策和谋略看似以轻巧诡诈制胜,但真正的战争本身离不开人力、物力、精力、财力的大量投入与消耗,这是实实在在的。

本章指出了发动战争需要的战车与兵员数量,即两千辆战车与十万军队,根据历史学家研究,孙子所说的战争规模符合当时实际,并无夸大。此外,发动战争还需要远距离的补给、修缮战车、兵器材料等军需开支,以及用于外交和间谍工作的开支。所谓"日费千金",可见战争费钱之多。有人说打仗打到最后打的是经济,颇有道理。除了费钱,战争还耗时。时间拖得越久,对国力的消耗越大,直至难以善后的地步。所以"兵贵神速",便是基于战争之害而言的。

军争利危

【原文】

故军争为①利,军争为危。举军而争利,则不及②;委军③而争利,则辎重捐④。是故卷甲而趋⑤,日夜不处,倍道兼行⑥,百里而争利,则擒三将军⑦,劲者先,疲者后,其法十一而至⑧;五十里而争利,则蹶⑨上将军⑩,其法半至;三十里而争利,则三分之二至。是故军无辎重则亡,无粮食则亡,无委积则亡⑪。

——孙子兵法·军争篇第七

注解

①为:有。 ②举军而争利,则不及:携带全部装备辎重的军队前去争取先机之利,则不能按时到达。举,全。 ③委军:军队丢弃辎重。委,舍弃、丢弃。 ④捐:抛弃。 ⑤卷甲而趋:卷起铠甲,轻装快跑。卷,收、藏。趋,跑,追逐。 ⑥日夜不处,倍道兼行:夜以继日不停地赶路。处,止、休息。倍道,行程加倍。 ⑦三将军:军队的将帅。三军,军队的通称。 ⑧其法十一而至:按其规律,只有十分之一的人能到达。 ⑨蹶(jué):使挫败。 ⑩上将军:率军征战的主帅。 ⑪无委积则亡:军队没有物资补充即不能生存。委积,物资储备。

【今译】

争夺取胜的主动权有获利的一面，也有危险的一面：假如军队带着全副装备和辎重去争利，那么就会赶不上；如果放下笨重的装备去争利，辎重就会损失。因此假如卷起盔甲，轻装急进，昼夜不停，加倍行程赶路，行军百里去争利，那么军队的将帅都可能被俘虏，强壮的战士先到，疲弱的士卒掉队，按规律只有十分之一的兵力能赶到；行军五十里去争利，率军征战的将领会受挫折，按规律只有半数兵力赶到；走三十里去争利，那么三分之二的兵力能赶到。因此，军队没有辎重就不能生存，没有粮食就不能生存，没有物资储备就也不能生存。

【释义】

战争之中总是利弊共存的。军争也是有利有弊，速度与辎重就是一对矛盾，故而要找到合适的平衡。孙子分三种情况讨论军争的利弊，战争有时的确需要远距离长途奔袭，但是这种快速的奔袭，也会造成军队的损失。故而越是深刻地了解军争的危害，也越能趋利避害，达到战争利益的最大化。

贵胜不贵久

【原文】

故兵贵胜①，不贵久。

——孙子兵法·作战篇第二

注解

①胜：这里是指速胜。

【今译】

所以，用兵重在速战速决，不重在旷日持久。

【释义】

本章七个字，简洁明了地指出战争的目的是取胜，而非为了持久。这看似人人皆知，但在战争发动之后，人们易于陷入骑虎难下、欲罢不能的境地。由此可见牢记并坚持战争的最终目标的重要意义。

第一单元　兵者何为

兵 之 急 者

【原文】

田忌曰:"行阵已定,动而令士必听,奈何?"孙子曰:"严而示之利①。"

田忌曰:"赏罚者,兵之急者②耶?"孙子曰:"非。夫赏者,所以喜众,令士忘死也。罚者,所以正乱③,令民畏上④也。可以益胜⑤,非其急者也。"田忌曰:"权、势、谋、诈,兵之急者耶?"孙子曰:"非也。夫权者,所以聚众也。势者,所以令士必斗也。谋者,所以令敌无备也。诈者,所以困敌也。可以益胜,非其急者也。"

田忌忿然作色:"此六者,皆善者⑥所用,而子大夫⑦曰非其急者也。然则其急者何也?"孙子曰:"料敌计险⑧,必察远近……将之道也。必攻不守⑨,兵之急者也。"

——孙膑兵法·威王问

注解

① 严而示之利:要有严明的法纪,又要有奖励。　② 急者:最要紧的事情。　③ 正乱:整顿军纪。　④ 畏上:敬畏上级。　⑤ 益胜:有助于取胜。　⑥ 善者:指善战者。　⑦ 子大夫:敬称,这里指孙膑。　⑧ 料敌计险:分析敌情,审察地形。　⑨ 必攻不守:必须进攻对方疏于防守的地方。

【今译】

田忌问:"阵列已经确定,在行动中让士卒完全听从命令,该怎么做呢?"孙膑回答说:"严明军纪,同时又明令悬赏。"

田忌问:"赏罚是用兵中最要紧的事吗?"孙膑说:"不是。赏赐是提高士气、使士卒冒死作战的办法。处罚是整顿军纪,让士卒对上畏服的手段。赏罚有助于取得胜利,但不是用兵最要紧的事。"田忌又问:"那么,权力、威势、智谋、诡诈是用兵最紧要的事吗?"孙膑回答说:"也不是。权力是用来让军队团结一致的,威势是用来让士卒用命的,智谋是用来使敌军无法防备的,诡诈是用来让敌军陷入困境的。这些事都有助于取得胜利,但都不是用兵最要紧的事。"

田忌愤怒得变了脸色:"这六件事,都是善于用兵的人常用的,而您却说这些都不是最要紧的事。既然这样,什么事才是最要紧的呢?"孙膑说:"分析敌情,研究地形,审察与敌人的距离远近……这是领兵打仗的规律。进攻对方疏于防守之处,这才是用兵最要紧的。"

【释义】

兵法中最重要的因素是什么?田忌和孙膑有这样一段问答。孙膑认为,赏赐、处罚、权力、威势、智谋、诡诈等这些善用兵者常用的手段,都不是用兵最紧要的事情,在这样一重重的否定中,

展现了孙膑高于田忌一筹的思想与智慧。孙膑认为,最紧要的事情是"必攻不守"。这与《孙子兵法》中"攻而必取者,攻其所不守也"的观点非常相似。孙膑将其置于高于一切的地位,认为这是实现战争主要目的的重要方式。可惜该段文字还有缺漏,我们无法得到更完整的解释,但仍然可以看到孙膑对占据战略主动的重视。

兵之四用

【原文】

孙子曰:夫陷①齿戴角,前爪后距②,喜而合,怒而斗,天之道也,不可止也。故无天兵者③自为备,圣人之事也。黄帝作④剑,以阵象⑤之。羿⑥作弓弩,以势象之。禹⑦作舟车,以变象之。汤、武⑧作长兵,以权象之。凡此四者,兵之用也。

何以知剑之为阵也?旦暮服⑨之,未必用也。故曰,阵而不战,剑之为阵也。剑无锋,虽孟贲⑩之勇不敢□□□。阵无锋,非孟贲之勇也敢将而进者,不知兵之至也。剑无首铤⑪,虽巧士不能进

□□。阵无后,非巧士敢将而进者,不知兵之情者。故有锋有后,相信不动,敌人必走⑫。无锋无后……券不道。

何以知弓弩之为势也?发于肩膺之间,杀人百步之外,不识其所道⑬至。故曰,弓弩也。何以知舟车之为变也?高则……何以知长兵之为权⑭也?击非高下非……卢毁肩,故曰,长兵权也。凡此四……中之近……也,视之近,中之远。权者,昼多旗,夜多鼓,所以送战也。

凡此四者,兵之用也。□皆以为用,而莫彻⑮其道。

——孙膑兵法·势备

注解

①陷,同"含"。　②后距,指动物足后突出如趾的部分。　③无天兵者:指人。天兵,指自然赋予动物的武器,如齿、角、爪、距等。　④作:创造,发明。　⑤象:象征。　⑥羿(yì):后羿,夏代有穷国的君主。　⑦禹:夏朝的建立者。　⑧汤、武:指商汤和周武王。　⑨服:佩带。　⑩孟贲(bēn):古代著名的勇士。　⑪首铤(tǐng):剑的把柄。　⑫走:败走。　⑬道:由来。　⑭权:兵权。　⑮彻:通达,明白。

【今译】

孙膑说:所有有齿、有角、有爪、有距的禽兽,往往高兴时聚集成群,发怒时相互争斗,这是它们的本性,是无法改变的。

第一单元　兵者何为

所以没有那些天生武器的人，就要自己制造，这是古代圣人的事情。黄帝制造剑，可以用它来象征兵阵。后羿制造弓弩，可以用它来象征兵势，夏禹制作舟车，可以用它来象征战争中的随机应变。商汤、周武王制作长兵器，可以用它来象征作战的指挥权。以上四个方面，都是用兵的根本。

怎么知道用剑来象征军阵呢？剑是无论早晚都佩戴在身上的，但不一定使用。所以说，军队要保持阵形，但不一定就作战，这就是用剑来象征军阵。剑如果没有锋刃，即使是孟贲这样的勇士也不敢……军阵如果没有前锋，又没有像孟贲这样勇敢的人率军前进，这是不懂用兵到极点了啊。剑没有把柄，即使技巧高超的人也不能用它去杀敌。军阵如果没有后续部队，不是技巧高超的人还率军进攻，这是不懂用兵的情理啊。所以说，如果军阵有前锋又有后援，互相信赖，阵势稳定，敌军就必定会败走。如果军阵既无前锋又无后卫……

怎么知道弓弩用来象征兵势呢？弓弩从肩、胸之间发射出去，在一百步以外杀伤敌人，敌人不知弓弩是从哪里射来的。所以说，兵势要像弓弩一样。怎么知道舟车来比喻随机应变呢？……怎么知道长兵器来比喻指挥权呢？打击时不必……所以说兵权像长兵器一样……指挥作战，白天多用旌旗，晚上多用金鼓，借以传达作战命令。

这四项都是军事运用的原理。人们都在运用它，但没有完全

懂得其中的道理。

【释义】

本章开头用野兽都有角、齿、爪、距,并且时聚时斗,生动形象地说明人类社会中,人们之间也难免会有争斗或战争的社会现象,并进而用人类作战手段演变的情况,引出了用兵作战的四项根本原则,这种写法对人们既有吸引力又富启发性。

孙膑用剑作比喻,说明兵阵的重要和布阵的要点,即需要谋划周全,部署周密,保证万无一失。他又用弓弩发射说明兵势的涵义和作用,用兵出击,既要隐蔽突然,出其不意,又要快速勇猛;用舟车的灵活说明用兵需要机智,顺应形势;用长兵器必须紧握且善于使用来说明兵权的重要。这四项原则中,兵权是根本,兵阵是基础,兵势和权变是取胜的手段,相辅相成。

本章以野兽身上的利器到人类战争中的武器,来比喻用兵的四项根本原则,贴切生动,发人深思。

第二单元

为将之道

　　统帅是一支军队的灵魂，为将之道是兵法的核心。

　　孙子认为，首先要"知兵"，也就是懂得兵法，这是为将的基本条件。然而，战场风云变幻，在掌握一般的军事规则之外，为将者还要随机应变，才能克敌制胜。

　　当为将者具备了这些素质与条件之后，那么国君就应给予他充分的信任，让他按照战争的规律指挥军队，孙子反复强调为将者的自主权，可见国君与将帅关系非常重要。

　　此外，为将者更要学会处理与士卒的关系，毕竟战争的取胜除了谋略之外，更在于士卒的拼杀。为将者要既要爱惜士卒，也要严明军法，必要时可以借助特殊环境的制约与帮助，这一切都是为了提升军队的士气与战斗力。

　　本单元选读的内容，包括为将者的作用和价值、为将的方法和原则、为将者在性格品质与作战指挥方面应避免的问题等。

知 兵 之 将

【原文】

故知兵之将,生民①之司命②,国家安危之主也。

——孙子兵法·作战篇第二

注解

①生民:人,人民。　②司命:天上的星官,管理人死生寿夭的神。这里指民众命运的掌握者。

【今译】

懂得用兵之法的将领,是民众命运的掌握者,是国家安危的主宰。

【释义】

战争总是要人打的,而其中对战争起主导作用的自然是为将者。为将者懂得用兵与否,决定了百姓的命运和国家的存亡,可谓责任重大,这与《孙子》开篇相照应。也可以说,《孙子》一书的理想阅读对象首先应当就是为将者,希望他们能知兵以求"速胜",从而保国安民。

王 者 之 将

【原文】

孙子曰:知[1]不足,将兵,自恃也。勇不足,将兵,自广也。不知道,数战不足,将兵,幸也。夫安万乘国[2],广[3]万乘王,全万乘之民命者,唯知道。知道者,上知天之道,下知地之理,内得其民之心,外知敌之情,阵则知八阵之经,见胜而战,弗见而诤[4],此王者之将也。

——孙膑兵法·八阵

第二单元 为将之道

注解

①知：同"智"，智慧。　②万乘国：有一万辆兵车的大国。
③广：扩大　④弗见而诤(zhèng)：没有取胜的把握就按兵不动。
见，预见，诤，同"静"，停止。

【今译】

孙膑说："智谋不足的人，指挥军队，这是自傲。勇气不足的人，指挥军队，这是给自己壮胆。不懂兵法，没有多次作战经验的人，指挥军队，那就只能靠侥幸了。若要保证一个万乘大国的安宁，扩大万乘之国君主的影响，保全万乘大国百姓的生命安全，那就只能依靠懂得用兵规律的人。懂得用兵规律的人，那就是上知天文、下知地理，在国内得民心，对外熟知敌情，布阵则懂得八种兵阵的要领，预见到必胜而出战，没有胜利的把握则按兵不动。这样的人才是足当重任的将领。"

【释义】

孙膑从"智"、"勇"、"知道"三个方面论述了为将者应该而且必须具备的素养。他先说明了"智不足"、"勇不足"、"不知道"三者的后果，又重点阐释了"知道"的内涵：包括知天道、知地理、得民心、知敌情、知八阵等。为将者应该在充分"知道"的

基础上判断战争是否能获胜,再决定是否采取行动,这里的"知道"包括随机应变的要求。智勇兼备、熟知兵法且有实战经验的将军方可称为"王者之将"。

择人任势

【原文】

故善战者,求之于势,不责①于人,故能择人而任②势。任势者,其战人③也,如转木石。木石之性,安则静,危则动④,方则止,圆则行。故善战人之势⑤,如转圆石于千仞之山者,势也。

——孙子兵法·势篇第五

注解

①责:要求、索要,这里指苛责。　②任:凭借。　③战人:指挥军队作战。　④安则静,危则动:(木头和石头)处在平坦的地方就静止,处在倾斜的地方就转动。安,这里指平坦的地方。危,这里指倾斜的地方。　⑤势:形势,态势。

第二单元　为将之道

【今译】

善于打仗的人，总是寻求有利的态势，而不苛求士兵，所以他能选择人材，利用形势。善于运用势的将帅，他指挥军队作战，就像滚动木石一样。木头、石块的特性，放在安稳平坦的地方就静止，放在险陡倾斜的地方就滚动，方的容易静止，圆的滚动灵活。所以善于指挥作战的将帅所造成的有利态势，就像从千仞高山上滚下圆石那样，这就是所谓的"势"。

【释义】

本章强调为将者对战争形势的判断与把握。这里把手下士兵比作木石，将得势比作千仞之山，如果为将者能择人任势，就犹如滚圆石下高山，轻而易举。孙子用物理学的现象来比喻战争中的状态，可见他对日常生活现象观察之细，且形象而巧妙。

除了以上的翻译之外，也有研究者把"择"解释为"释"，即放弃的意思，认为为将者不靠个人才智，而依靠战争之势，也算一解。

料敌制胜

【原文】

夫地形者,兵之助也。料敌制胜,计险厄①远近,上将之道也。知此而用战者必胜,不知此而用战者必败。故战道②必胜,主③曰无战,必战可也;战道不胜,主曰必战,无战可也。故进不求名,退不避罪,唯人是保④,而利合于主⑤,国之宝也。

——孙子兵法·地形篇第十

【注解】

①险厄:地势险阻之处。　②战道:指战争的指导规律。
③主:国君,君主。　④唯人是保:只求保全百姓。保,保全。
⑤利合于主:符合君主的根本利益。

【今译】

地形是用兵打仗的辅助条件。预料敌情,制定取胜方略,考察地形的险易、远近,这些是主将必须履行的职责。了解这些因素并用于指挥作战的人必胜,不懂得这些而指挥作战的人必败。所以如果根据战争的规律一定能取胜,即使君主下令不战,也应该坚持去打；如果根据战争的规律不能取胜，即使国君说一定要打，也应该不去打。所以，进攻敌人不求虚名，撤退防守不避罪名，只求保护百姓和士卒的生命，并符合国君的利益，这样的将帅才是国家的栋梁。

【释义】

本章首先指出了地形对战争胜负的重要作用，因而熟知并利用地形是为将者必需的能力与职责。当然，地形终究是"兵之助"，可见孙子始终坚持人是战争的主体。

上将的责任便是"料敌制胜"，这还涉及为将者如何正确处理君主命令与战争规律的问题，一切以战争规律为重，甚至可以不听从君主的命令。"进不求名，退不避罪"，以保全民众，利于国君为战争的根本目的，这正是一名为将者的担当，真正做到这一点，才可称为"国之宝"。

关于战争地形的其他问题，本书第五单元有具体的阐释。

听计必胜

【原文】

将①听②吾计,用之必胜,留之;将不听吾计,用之必败,去之。

——孙子兵法·计篇第一

注解

①将:含假设语气的助词,相当于"如果"。 ②听:接受。

【今译】

若听从我的计策,作战就会取胜,我留下来;若是不接受我的计策,作战就会失败,我会离开。

【释义】

此处翻译的理解是把这段话看作孙子对吴王讲的话,孙子既然为将,当然希望得到君主的器重与信任,这句话体现了孙武对自己谋略超凡的自信,如果得不到君主的理解,那他会选择走人。关于这句话,还有一个理解,即看作君主对将帅说的话,要求将

第二单元　为将之道

帅及部下执行君主的计策与命令，如果不能执行则撤销他的职位。无论哪种理解，都强调了从定计到用计的过程。本单元主要讲为将的基本原则与注意事项，而"将能用计"是起点。

将者国之辅

【原文】

夫将者，国之辅①也，辅周②则国必强，辅隙③则国必弱。

故君之所以患于军④者三：不知军之不可以进而谓之进⑤，不知军之不可以退而谓之退，是谓縻⑥军。不知三军之事，而同⑦三军之政，则军士惑矣。不知三军之权⑧而同三军之任⑨，则军士疑矣。三军既惑且疑，则诸侯之难⑩至矣，是谓乱军引胜⑪。

——孙子兵法·谋攻篇第三

【注解】

①国之辅：国家的辅佐之臣。辅，辅佐之臣。　②周：周到、细密。
③隙：有缺陷、疏漏。　④患于军：危害军队。患，为患，贻害。

⑤谓：说，这里指命令。　⑥縻(mí)：原指牛辔，这里可以引申为羁绊、束缚。　⑦同：共同参与。　⑧权：权变，权谋。　⑨任：责任，这里可以理解为指挥军队的责任。　⑩诸侯之难：诸侯乘他国军士疑惑之机，起而攻之造成的灾难。　⑪乱军引胜：自乱其军而造成敌人的胜利。乱军，自乱军队；引，导致。

【今译】

将帅，是国家的辅佐之臣，辅佐周密，国家必然强大；辅佐疏漏，国家必然衰弱。

所以国君对军队造成的危害有三种情况：不知道军队不可以战而命令其出击，不了解军队不可以退而命令其撤退，这就是束缚了军队。不通详军队的事务而干预军队的行政工作，将士们就会感到迷惑。不懂得军中的权变之谋而参与军队的指挥，就会使将士们疑虑重重。全军上下既迷惑又疑虑，那么其他诸侯国乘机进攻的灾难就会降临，这就是自乱其军而造成敌人的胜利。

【释义】

本章强调了将帅的重要作用，即通过战争取胜以辅佐国家。为了实现辅佐的使命，为将者应当获得自主的权力，这需要国君给予将领充分的信任与自由，前提当然是为将者要"知兵"。一个不太"知兵"的国君如能做到"知将""听计"，也一样是值得尊敬的。

第二单元 为将之道

兵情如弩矢

【原文】

孙子曰：若欲知兵之情，弩矢其法也。矢，卒也。弩，将也。发者，主也①。矢，金②在前，羽在后，故犀而善走③。前……今治卒则后重而前轻，阵之则辨，趣之敌则不听④，人治卒不法矢也。弩者，将也。弩张柄⑤不正，偏强偏弱而不和，其两翔之送矢也不壹⑥，矢虽轻重得，前后适，犹不中招也……将之用心不和……得，犹不胜敌也。矢轻重得，前[后]适，而弩张正，其送矢壹，发者非也，犹不中招也⑦。卒轻重得，前……兵……犹不胜敌也⑧。故曰，弩之中彀⑨合于四，兵有功……将也，卒也，□也。故曰，兵胜敌也，不异于弩之中招也。此兵之道也。

——孙膑兵法·兵情

【注解】

①发者，主也：发射的人是君主。　②金：箭镞。　③走：疾行。
④阵之则辨，趣之敌则不听：使之列阵，虽能办到，但使其进攻敌人，则不听命。辨，同"办"。趣，同"趋"。　⑤柄：弩臂。
⑥其两翔之送矢也不壹：由于弩臂不正，弩弓两翼发矢的力量就

不一致。两翔，两翼。　⑦矢轻重得，前后适，而弩张正，其送矢壹，发者非也，犹不中招也：弩和箭虽然都合标准，但发射的人有错误，仍不能射中箭靶。招，箭靶。　⑧犹不胜敌也：本句残缺，大意为将与卒都合标准，君主不能善用，也不能胜敌。⑨彀(gòu)：箭靶。

【今译】

孙膑说：如果想要明白用兵之道，就像弩弓发射的道理。箭好比士兵，弩弓好比将领，用弩弓射箭的人就是君王。箭的结构是金属箭头在前，羽毛箭翎在后，所以箭能锐利并且射得远……现今用兵却是后重而前轻，这样用兵布阵能办到，但让军队去攻打敌军则很难调动，问题就在用兵的人管理军队不效法射箭的道理。弩弓就好比是将领。开弓射箭时，弩臂没有摆正，用力过强或过弱不能调和，弓两端发箭的力量就不一致，即使箭矢的轻重是合适的，前后比例得当，还是不能射中目标……将领不能协调一致，仍然不能战胜敌军。如果箭矢轻重合适，前后位置合适，同时开弓时也把得很正，整张弓的发射力量也协调一致，但是射箭的人不能正确发射，也还是不能射中目标……士兵部署轻重得当……也照样不能战胜敌军。所以说，箭射中目标要符合四个条件，打仗要取胜……依靠将领、士卒……所以说，用兵战胜敌军，和用箭射中目标没有任何不同。这正是用兵的规律。

【释义】

本章以矢、弩、发者分别比喻士卒、将帅和君主,从宏观层面论述三者的内部关系。孙膑认为这三方面要同心合力、协调一致。只有从士卒的组织、将帅的指挥到君主的决策都合乎客观要求,这样射出的弓弩或箭矢,才能命中靶心,这样统兵作战,才能克敌制胜。具体来说,他把士卒比作箭头,要求前重后轻,否则就会造成混乱;把将领比作弓弩,说明将帅关系对用兵结果的影响,将领和睦、将兵和谐才可能胜敌;把主帅比作射箭者,要求君主正确指挥军队。

将有五危

【原文】

故将有五危①:必死②,可杀也;必生③,可虏也;忿速,可侮也④;廉洁,可辱也⑤;爱民,可烦也⑥。凡此五者,将之过也,用兵之灾也。覆⑦军杀将,必以五危,不可不察也。

——孙子兵法·九变篇第八

注解

①危：这里指带来危险的弱点。　②必死：只知死拼。　③必生：贪生怕死。　④忿速，可侮也：将帅容易发怒，则容易被敌人戏弄。忿，愤怒、生气。侮，戏弄。　⑤廉洁，可辱也：将帅过分追求洁身清廉，则可能受辱。　⑥爱民，可烦也：将帅溺爱民众，就会受到烦扰。爱民，这里指溺爱民众。烦，烦劳、相烦。　⑦覆：颠覆、灭亡。

【今译】

所以将领会有五种带来危险的因素：只知死拼，可能被诱杀；贪生怕死，可能被俘虏；浮躁易怒，可能被敌人戏弄；矜于名节，可能被人侮辱；溺爱民众，可能导致烦扰。大凡这五点，都是将帅的过失，用兵打仗的灾难。军队覆灭、将帅被杀，必定由这五种因素所引起，这五种因素是不能不清楚认识的。

【释义】

孙子言兵法，总是从利弊两面思考问题，其实争利也就是避害。本章指出为将者容易导致战争失败的五大弱点，主要问题便是不会变通，也就是我们说的"认死理"、"一根筋"。一般看来，为将者奋勇拼搏、爱惜生命、刚猛果敢、追求名节、怜惜百姓似乎不算什么缺点，但在战争力求变通制胜的前提下，就可能会成为"五

危"了。而由于为将者所处的重要位置以及对战争的主导作用，如果敌人抓住了"五危"，那只有"覆军杀将"的悲惨下场。

败之六道

【原文】

故兵有走①者，有弛②者，有陷③者，有崩④者，有乱⑤者，有北⑥者。凡此六者，非天之灾，将之过也。夫势均，以一击十，曰走；卒强吏弱，曰弛；吏强卒弱，曰陷；大吏怒而不服，遇敌怼⑦而自战，将不知其能，曰崩；将弱不严，教道⑧不明，吏卒无常⑨，陈兵纵横⑩，曰乱；将不能料敌⑪，以少合⑫众，以弱击强，兵无选锋⑬，曰北。凡此六者，败之道也；将之至任，不可不察也。

——孙子兵法·地形篇第十

【注解】

①走：逃跑。　②弛：放松、松懈。这里指士卒军纪涣散。
③陷：将士虽强，但是士卒战斗力弱，与敌作战则将吏孤身奋战，

力不能支。 ④崩：溃败。主将不知部将的能力，遇战则溃败。⑤乱：混乱，没有秩序。 ⑥北：败走，败逃。 ⑦怼(duì)：怨恨。 ⑧教道：训练、教育。 ⑨无常：没有常规，变化不定。⑩陈兵纵横：陈兵，部署军队。纵横，这里指杂乱。 ⑪料敌：分析、观察敌情。 ⑫合：交战。 ⑬选锋：精选出来的精锐的前锋分队。

【今译】

所以军队失败有走、弛、陷、崩、乱、北六种情况。这六种情况，不是天时的灾害，其实是主将的过失。凡是双方势均力敌的情况下，却用部分兵力去攻击十倍于我的敌人，从而导致失败的，这叫做"走"。士卒强悍，军官懦弱，叫做"弛"。军官强悍，士卒懦弱的，从而导致失败的，叫做"陷"。部将愤怒，不服从指挥，遇到敌人因心怀怨愤而擅自交战，主将又不了解他们的能力，从而导致失败的，叫做"崩"。将领软弱，不能严格约束部队，教导训练不明确，官兵没有一定的规矩，部署军队杂乱无章，从而导致失败的，叫做"乱"。将领不能判断敌情，用少量军队抵抗敌军主力，用弱小的兵力去攻打强大的军队，行阵又无精锐的前锋，从而导致失败的，叫做"北"。这六种情况，是导致失败的原因。避免这六种情形，是将领们至关重要的责任，不能不认真地加以研究。

第二单元 为将之道

【释义】

为将者必须慎之又慎,除了学会变通外,还要避免六种导致战争失败的情形。地利相当却由于指挥不当,以一击十,士兵逃走,这是"走";纪律松散,缺少管束,这是"弛";倒过来,将帅过于强势,士兵太弱,这是"陷";低级将领不听调遣,遇到冤家便负气出战,这是"崩";将军太无威严,管束不严,教导不明,这是"乱";将军不知敌情,以少打多,以弱敌强,又没有精兵锐卒作先锋,这是"北"。其中第一、六条主要是指挥不当所致,而其余四条则主要是治军不严所致。作战要避免这六种失败,为将者责无旁贷。

将 之 廿 败

【原文】

将败:一曰不能而自能。二曰骄。三曰贪于位。四曰贪于财。五曰□。六曰轻。七曰迟。八曰寡勇。九曰勇而弱。十曰寡信。……十四曰寡决。十五曰缓。十六曰怠。十七曰□。十八曰贼①。十九

曰自私。廿曰自乱。多败者多失。

——孙膑兵法·将败

注解

① 贼：残暴。

【今译】

将领遭致失败的原因有以下几种：第一种是自己没有能力却自认能力高强；第二种是骄傲自大；第三种是贪图权位；第四是贪图钱财；第五种是……第六种是轻敌；第七种是应变迟钝；第八种是缺乏勇气；第九种是表面勇敢，实际懦弱；第十种是缺乏诚信；第十一种是……第十四种是优柔寡断；第十五种是行动迟缓；第十六种是懈怠懒惰；第十七种是……第十八种是暴虐；第十九种是自私；第二十种是自己把事情搞乱。将领的毛病越多，失败的机会就越多。

【释义】

本章谈论为将者导致兵败的个人原因，原文一共罗列了二十种，从目前校勘的本子可以看到，这些原因主要涉及为将者的性格与品质问题，希望人们反省自我，引以为戒，成为胜任其职、无私忘我、慎重严谨、雷厉风行、言而有信、勤勉进取的优秀战将。

将之卅二失

【原文】

将失：一曰，失所以往来①，可败也。二曰，收乱民而还用之，止北卒而还斗之②，无资而有资③，可败也。三曰，是非争，谋事辩讼④，可败也。四曰，令不行，众不壹，可败也。五曰，下不服，众不为用，可败也。六曰，民苦其师，可败也。七曰，师老⑤，可败也。八曰，师怀⑥，可败也。九曰，兵遁，可败也。十曰，兵□不□，可败也。十一曰，军数惊，可败也。十二曰，兵道足陷，众苦，可败也。十三曰，军事险固，众劳⑦，可败也。十四曰，□□□备，可败也。十五曰，日暮路远，众有至气⑧，可败也。十六曰……可败也。十七曰……众恐，可败也。十八曰，令数变，众偷⑨，可败也。十九曰，军淮，众不能其将吏⑩，可败也。廿曰，多幸⑪，众怠，可败也。廿一曰，多疑，众疑，可败也。廿二曰，恶闻其过，可败也。廿三曰，与不能⑫，可败也。廿四曰，暴露伤志⑬，可败也。廿五曰，期战心分⑭，可败也。廿六曰，恃人之伤气⑮，可败也。廿七曰，事伤人，恃伏诈⑯，可败也。廿八曰，军舆无□，[可败也。廿九曰]，□下卒，众之心恶，可败也。卅曰，不能以成阵，出于夹道⑰，可败也。卅一曰，兵之前行后行之兵，不参齐于阵前，可败也。卅二曰，战而忧前者后虚，忧后者前虚，忧左者右虚，忧右者左虚。战而有忧，可败也。

——孙膑兵法·将失

注解

①失所以往来：军队行动漫无目的。 ②收乱民而还用之，止北卒而还斗之：收用乱民和败卒来打仗。还，同"旋"，立刻。 ③无资而有资：本无实力而自以为有实力。 ④是非争，谋事辩讼：在是非问题上总是争执；在谋划大事时，总是辩论争吵，不能作出决定。 ⑤师老：士卒长期出征在外，不得休息。 ⑥师怀：士卒有所挂念。 ⑦军事险固，众劳：以修筑军事要塞为事，使士卒劳苦。 ⑧至：怨恨。 ⑨偷：苟且敷衍。 ⑩军淮，众不能其将吏：士卒与将吏的关系不好，不听命令。淮，同"乖"，不和。 ⑪幸：偏爱。 ⑫与不能：交往无能之辈。 ⑬暴露伤志：士卒暴露于野外，伤其心志。 ⑭期战心分：临战之前军心涣散。 ⑮恃人之伤气：所凭借的是敌人的斗志消沉。恃，凭借。 ⑯事伤人，恃伏诈：做的是伤害人的事，靠的是阴谋诡诈的手段。 ⑰夹：同"狭"，狭窄。

【今译】

将领可能出现的过失有以下各种：第一种是军队调动失当，可能导致失败。第二种是收容散乱的百姓，不加训练就用去作战，或是收编刚打败仗退下来的士兵，马上又让他们去打仗，本来没

第二单元　为将之道

有实力而自以为有实力,这些都可能导致失败。第三种是爱争论是非,作计划时争论不休,可能导致失败。第四种是命令不能执行,士兵不能行动统一,可能导致失败。第五种是部下不服从、士兵不听任用,可能导致失败。第六种是他的军队使百姓遭受痛苦,可能导致失败。第七种是军队疲惫,可能导致失败。第八种是军队思乡想家,可能导致失败。第九种是士兵逃跑,可能导致失败。第十种是士兵……可能导致失败。第十一种是军队多次受惊吓,可能导致失败。第十二种是行军的道路难以行走,使士兵常常陷脚,士兵困苦不堪,可能导致失败。第十三种是修筑险要坚固的军事设施,使士兵过度疲劳,可能导致失败。第十四种是……可能导致失败。第十五种是天快黑了,行军路程还很远,士兵怨恨气愤,可能导致失败。第十六种……可能导致失败。第十七种是……士兵恐惧,可能导致失败。第十八种是军令屡次改变,士兵随便应付,可能导致失败。第十九种是军队军心涣散,士兵不信任他们的将领和长官,可能导致失败。第二十种是统兵将领多数存在侥幸心理,士兵懈怠懒惰,可能导致失败。第二十一种是将领和士兵都多疑,犹豫不决,可能导致失败。第二十二种是将领厌恶听别人指出其过错,可能导致失败。第二十三种是任用的下级官吏无能,可能导致失败。第二十四种是长期露宿,挫伤士气,可能导致失败。第二十五种是将领临战分心,可能导致失败。第二十六种是

只想凭借敌军士气低落，可能导致失败。第二十七种是单纯依靠埋伏和施行欺骗去打败敌军，可能导致失败。第二十八种是……可能导致失败。第二十九种是……士兵产生厌恶心理，可能导致失败。第三十种是不能用合适的阵势通过狭谷通道，可能导致失败。第三十一种是军队先出发和后出发的士兵，不能在阵前会齐集结，可能导致失败。第三十二种是作战时由于担心前锋致使后卫空虚，或者由于担心后卫致使前锋空虚，或者由于担心左翼致使右翼空虚，又或是由于担心右翼致使左翼空虚，作战时总是有种种担心，可能导致失败。

【释义】

本章论述将的过失，孙膑一共罗列了三十二种情况，也是从反面说明问题。与上章不同的是，这里主要涉及为将者统兵调度、临阵指挥的失误。将帅的命令直接影响着士卒的心理、斗志、士气、军心、行动以及战争的结果，因而不可不慎。

第二单元　为将之道

胜在篡卒

【原文】

孙子曰：兵之胜在于篡卒①，其勇在于制②，其巧在于势③，其利在于信④，其德在于道⑤，其富在于亟归⑥，其强在于休民⑦，其伤⑧在于数战。

孙子曰：德行者，兵之厚积也⑨。信者，兵之明赏⑩也。恶战者，兵之王器也⑪。

——孙膑兵法·篡卒

注解

①篡卒：选用强卒。　②制：军法。　③势：军队作战机动灵活，在于利用形势。　④其利在于信：军队之利在于将帅讲信用。　⑤其德在于道：军队的德在于将帅明道理。　⑥亟(jí)归：速战速决。亟，急。　⑦休民：休养士卒。　⑧伤：战斗力受损。　⑨厚积：丰富的储备。　⑩明赏：明确的奖赏。　⑪恶(wù)战者，兵之王器也：不好战才是用兵的根本。恶，厌恶。王器，王者之器。

【今译】

孙膑说:"用兵取胜的关键在于选拔士兵。士兵的勇敢在于军纪严明,士兵的作战技巧在于指挥得当,士兵的战斗力强在于将领的信用,士兵的品德在于思想方面的教导。军需富足在于速战速决,军队强大在于百姓休养生息,军队受伤在于作战过多。"

孙膑说:"品德高尚是用兵的深厚基础。讲信用,就是要对士兵明确奖赏。不好战的士兵,是用兵的根本。"

【释义】

本章以精炼的语言论述了为将者带兵用兵的一系列问题。孙膑开宗明义地提出了"兵之胜在于篡卒"这一观点,充分认识到士卒对于战争胜负的决定作用,与孙武对"人"的重视非常接近。古语云:"千军易得,一将难求",孙武也认为为将者是"生民之司命,国家安危之主也",然而士卒与将领在战场上需要相互配合夺取胜利,不可或缺。"篡卒"的方式不在于"数战"而在于"休民",也说明了休养生息对"强兵"的作用。此外,孙膑强调了以"德行"与"守信"治兵,才会得到士卒的拥护,而用兵的根本是士卒不好战,这也是难能可贵的进步思想。

将者之义、仁、德、信

【原文】

将者不可以不义①,不义则不严,不严则不威,不威则卒弗死②。故义者,兵之首也。将者不可以不仁,不仁则军不克,军不克则军无功。故仁者,兵之腹也。将者不可以无德,无德则无力,无力则三军之利不得。故德者,兵之手也。将者不可以不信,不信则令不行,令不行则军不槫③,军不槫则无名④。故信者,兵之足也。

——孙膑兵法·义将

注 解

①义:公正。　②卒弗死:士卒不肯效死。　③槫:团结,集中。
④名:功绩。

【今译】

将领不能不公正,不公正就不可能严格治军,治军不严将领就没有威信,将领没有威信,士兵就不会拼死效命。所以,公正对统兵就像头脑对人的作用一样。将领不能不仁爱,将领不仁爱,军队就不会有制胜的能力,军队没有制胜的能力,就无法建立功业。

所以仁爱对统兵就像心腹对人的作用一样。军队的将领不能不施恩德，将领不施恩德就没有威力，将领没有威力，全军就无法得利。所以，恩德对统兵就像手对人的作用一样。军队的将领不能不讲信用，将领不讲信用，他的命令就无法贯彻执行，军令不能贯彻执行，军队就不能集中统一，那军队就不会有声名了。所以，信用对统兵就像脚对人一样。

【释义】

　　孙膑用人的头、腹、手、足来比喻为将者义、仁、德、信对统兵的重要作用，生动而贴切。其实，这四点都可以归结为对"人（士卒）"的重视。为将者只有具备了这四点，才能更好地调动和运用军队，获得战争的胜利。

令　素　行

【原文】

　　兵非益多①也，惟无武进②，足以并力③、料敌、取人④而已。

夫惟无虑而易敌⑤者，必擒于人。

卒未亲附⑥而罚之，则不服，不服则难用也。卒已亲附而罚不行，则不可用也。故令之以文⑦，齐之以武⑧，是谓必取⑨。令素行⑩以教其民⑪，则民服；令不素行以教其民，则民不服。令素行者，与众相得⑫也。

——孙子兵法·行军篇第九

【注解】

①益多：以多为益，即越多越好。 ②惟无武进：只要不恃武轻进。武进，恃武轻进。 ③并力：集中兵力。 ④取人：战胜敌人。 ⑤易敌：轻视敌人。 ⑥亲附：亲近、归附。 ⑦令之以文：用道德礼仪来教育士卒。令，教育。文，道德礼仪。 ⑧齐之以武：用严明军纪刑罚来整肃部众。齐，整治。武，刑威，军纪刑罚。 ⑨必取：言必能取得部下的敬畏和拥戴。 ⑩令素行：平时认真贯彻法令。令，立法行令。素，平时。 ⑪民：这里指士卒。 ⑫相得：相投合，相处融洽。

【今译】

打仗不在于兵多就好，只要不恃勇轻进，能够集中兵力，准确地估计敌人，战胜敌人即可。没有远虑而又轻视敌人的，必然会被敌人所擒。

士卒还未亲附就加以处罚，那么士卒必不心服，不服就难以任用他们；士卒已经归附而不依法实施惩罚，那么这样的士卒也不能任用。因此，要以道德礼仪教育士卒，要以法令惩罚来统一士卒，这样就一定能打胜仗。平时严格执行法令来教育士卒，士卒就会心服；平时不严格执行法令来教育士卒，士卒就不心服。平时的命令得到严格的执行，是因为将帅与士卒相处融洽。

【释义】

兵不在多，重在善用，尤其不可轻举妄动，恃强冒进，这一观点体现了孙武"重谋"的思想。如果为将者没有长远打算又轻视敌人，恐怕只能束手就擒，战争不可儿戏，本章又是对为将者的良言告诫。

孙子还强调了为将者统兵之法，首先是得人心，其次是严法令，如此方能取信于士卒，关键还在于"令素行"，军令如山，这是自古用兵的常识。"齐之以武"之外，还要"令之以文"，孙子强调对士卒道德礼仪的教育，也就是强调对人本身的充分重视。

令民素听

【原文】

威王曰:"令民素①听,奈何?"孙子曰:"素信②。"威王曰:"善哉言!"

——孙膑兵法·威王问

注解

①素:一贯。　②信:守信用。

【今译】

威王问:"怎样才能使士卒一贯服从命令?"孙膑答道:"依靠平时的威信。"威王说:"这话说得太好了!"

【释义】

孙膑告诉齐威王让军兵听命的方法,要依靠"素信",齐威王也不愧是一位贤君,对孙膑的回答大加肯定。本章中的"素"非常重要,恐吓利诱等特殊的措施也许可以让军兵听命于一时,但要让他们一贯听命,则必须建立起国君和将领的威信,比如恪守信用,赏罚分明。

施赏悬令

【原文】

施无法①之赏,悬②无政③之令,犯④三军之众,若使一人。犯之以事,勿告以言⑤;犯之以利,勿告以害⑥。投之亡地然后存,陷之死地然后生,夫众陷于害,然后能为胜败。

——孙子兵法·九地篇第十一

注解

①无法:法令中没有规定的,破格的。 ②悬:这里指颁布、公布。 ③无政:这里指不合常规。 ④犯:使用。 ⑤勿告以言:不要告诉士兵的意图。 ⑥犯之以利,勿告以害:用士兵去争夺利益,不告诉他们其中的危险。

【今译】

实行法令中没有规定的奖赏,颁发不合常规的号令,使用全军将士就像使用一个人一样。用他们去做事情,不必说明作战的意图。用他们去争夺利益,不告诉他们其中的危害。把士卒投入面临灭亡的境地,然后才能保存;使士卒陷入死地,然后才能生还。

让军队陷于危境,这样以后才能获得战争的胜利。

【释义】

本章是对统兵之法的总结。所谓奖赏与悬令,都应该做到随机应变,以求达到约束士兵行动如一的目的。为了让士兵"陷之死地然后生",从而让他们提升士气和战斗力。当然,这里并不是说为将者一定要让士兵进入险境才可作战,而是在战争必要的情况下,利用环境因素帮助军队取胜。

视卒如子

【原文】

视卒如婴儿,故可与之赴深谿①;视卒如爱子,故可与之俱死。厚②而不能使,爱而不能令③,乱而不能治④,譬若骄子⑤,不可用也。

——孙子兵法·地形篇第十

【注解】

①豀(xī)：同"溪"，山间的河沟，溪流。　②厚：厚待、厚养。
③令：命令；指挥。　④乱而不能治：士卒行为不守法令而不能严加管束。　⑤骄子：受宠爱的儿子，这里指被溺爱坏了的儿子。

【今译】

把士卒当成婴儿一样看待，就可以同他们一起奔赴深沟急流；把士卒当成自己的爱子一样看待，就可以与他们一同赴死。如果厚待战士却不能使用他们，溺爱他们却不能命令他们，违法乱纪而不能治理他们，就像被娇惯的儿子，是不可用来打仗的。

【释义】

为将者该如何处理好与士卒的关系呢？我们熟知的古之良将如吴起、岳飞等都以"爱兵如子"著称，所以士兵感其恩德，必定拼死杀敌，不惜性命，这也提升了士卒的战斗力与凝聚力。而孙子又提醒我们，不可过分溺爱士卒，因为散漫放纵的"骄子"是没有战斗力的，这就需要"令素行"。"视卒如子"，处理好分寸，也符合儒家的中庸之法。

用兵移民之道

【原文】

孙子曰:用兵移民之道,权衡也①。权衡,所以篡贤取良也。阴阳,所以聚众合敌也②。正衡再累既忠,是谓不穷。

称乡县衡③,虽④其宜也。私公之财壹也。夫民有不足于寿而有余于货者⑤,有不足于货而有余于寿者⑥,唯明王、圣人知之,故能留之。死者不毒⑦,夺者不愠⑧。

此无穷……民皆尽力,近者弗则⑨,远者无能。货多则辨⑩,辨则民不德其上。货少则□,□则天下以为尊。然则为民赎也,吾所以为赎也⑪,此兵之久也。

——孙膑兵法·行篡

注解

①用兵移民之道,权衡也:用兵和使民,如同用天平称东西一样。
②聚众合敌:集结兵力,同敌人交战。　③称乡县衡:确定方向,权衡利弊。称,举。乡,同"向"。县,同"悬"。衡,天平。
④虽:同"唯"。　⑤不足于寿而有余于货者:指富有而贪生的人。
⑥不足于货而有余于寿者:指因贫困而轻生的人。　⑦毒:痛恨。

⑧夺者不愠(yùn)：被征用财物的人也不抱怨。愠，抱怨，生气。
⑨则：同"贼"，指犯上作乱。　⑩货多则辨：财物多的人就会安逸。辨，同"便"，安逸。　⑪賕(qiú)：指积聚财富。

【今译】

孙膑说：动用民力去作战的方法，就像用天平秤轻重。权衡的目的是为了选拔贤能和良善的人才。运用阴阳变化配合的规律，是为了聚集民众的力量去对抗敌人。不断调整天平，使砝码和所称的物品平衡，这就叫无穷无尽。

确定方向，衡量利弊，只有务求适宜。私人和公有的财物是一体的。民众之中，有的人财物很多却贪生怕死，有的财物少却不怕死。只有明智的君王和贤明的人，才能正确处理，适当动用民力，使得牺牲生命的人不怨恨，被征用财物的人也不生气。

这样便无穷无尽……百姓都会尽自己的力量。亲近的人不敢犯上作乱，疏远的人不敢消极怠慢。财物多的人就会安逸，安逸的人对君主就不会感恩戴德。财物少的人……那么百姓都会尊重君主。那么，就应该让百姓积累财物，我之所以让百姓积累财物，这是长期作战的办法。

【释义】

本章论述如何使士卒和百姓在战争中为统治者尽力,尽力的方式包括战争需用的民力与民财,这也是用兵作战的基本保障。没有兵员补充,没有物资保障,任何杰出的军事家也是无法施展其才能的。

这篇文章论述了这样几个观点:一是选拔贤德之人;二是聚集民众的力量去对敌;三是要恰当地使用民力;四是动用民力时必须大公无私,一视同仁;五是要爱护和积蓄民力。这五项都是保证战争供给的必不可少的条件,对战争的后续保障关系重大。

孙膑在文中用了很大的篇幅论述民力问题,从中可以看到人对战争的巨大影响和作用,所以做到对人的尊重与保障才是长久之计。

投之无所往

【原文】

投之无所往,死且不北①,死焉不得,士人尽力②。兵士甚陷则不惧③，无所往则固④，深入则拘⑤，不得已则斗。是故其兵不修而戒⑥，不求而得⑦，不约而亲⑧，不令而信。禁祥去疑⑨，至死无所之⑩。吾士无余财，非恶货也⑪；无余命，非恶寿也⑫。令发之日，士卒坐者涕沾襟，偃卧者涕交颐⑬。投之无所往者，诸、刿⑭之勇也。

——孙子兵法·九地篇第十一

注解

①投之无所往，死且不北：将士卒置于无路可走的境地，虽死也不会败退。北：败北，败逃。　②死焉不得，士人尽力：不怕死怎么能不取得胜利，所以士兵都会尽力作战。　③兵士甚陷则不惧：甚，厉害；严重。全句谓兵士深陷于危难之中，那么反而无所畏惧。　④无所往则固：无路可走，则军心稳固。固，稳固。　⑤拘：拘束；束缚。　⑥不修而戒：士卒们不待休整而自戒备。修，整治，修理。此指修明法令。戒，警戒。　⑦不求而得：不待征求而情意已得。　⑧不约而亲：言不待约束而自亲和。约，约束。　⑨禁祥去疑：禁止迷信和谣言之事，避免士卒疑惑。祥，吉凶迷信。　⑩至死无所之：士卒们至死也不会逃跑。之，往。　⑪无余财，非恶货也：兵卒们抛弃必需品以外的钱财，并非不爱惜财物。　⑫无余命，非恶寿也：士卒们不顾性命去拼死搏斗，并非不愿长寿。　⑬偃卧者涕交颐：士卒们仰卧在地，泪流满面。偃，仰卧。颐，腮。　⑭诸、刿：专诸、曹刿。专诸，春秋末期吴国的刺客，被伍子胥收买，刺杀了当时的吴国国王僚。曹刿，又叫曹沫，春秋时期鲁国的勇士，相传鲁君与齐君相会时，他持剑劫持齐君定立盟约，收回了失地。

第二单元 为将之道

【今译】

把部队置于无路可退的绝境,士卒即使死也不会败退,士卒不怕死,都会竭尽全力作战。士卒深陷险境就不会感到恐惧,无路可走军心就会稳固;深入敌国,军队就会紧密团结。处于迫不得已之境,军队就会奋起战斗。因此,军队不用整治就会戒备,不须强求,就能完成任务;不须约束,就能亲附协力;不须申令,就会遵守纪律。禁止占卜等迷信活动,消除士兵的疑虑,他们至死也不会逃跑。我军士兵没有多余的钱财,不是他们厌恶财物;士卒们不顾生命危险,不是他们不想活命。作战命令发布的时候,士卒们坐着泪湿衣襟,躺着泪流满面。把士卒放到无路可走的绝境,他们就会像专诸和曹刿一样的勇敢。

【释义】

孙子介绍了一种稳固军心、增强凝聚的方式,即为将者有意让士兵陷入无路可走的绝境。处于绝境的士兵被逼无奈,会激发起斗志。此外,还要打消士卒的疑虑,禁止妖言惑众的东西,毕竟迷信是古人的心理特点之一。贪财怕死,是一般人的正常心理,但如果陷入绝境,在极端环境下,人会爆发出潜能,士卒也会自发产生战斗力,无所畏惧。

鲁国的曹刿用匕首劫持齐桓公迫使他退还鲁国的土地,定下"柯之盟",专诸替吴王阖闾刺杀了王僚。他们成事固然有赖自身的勇力和智慧,也与他们当时处在"无所往"的境地有关。

善用兵者

【原文】

　　故善用兵者,譬如率然①;率然者,常山②之蛇也。击其首则尾至,击其尾则首至,击其中则首尾俱至。敢问:兵可使如率然乎?曰:可。夫吴人与越人相恶也,当其同舟而济③,遇风,其相救也,如左右手。是故方马埋轮④,未足恃⑤也;齐勇若一,政之道也⑥;刚柔皆得,地之理也⑦。故善用兵者,携手若使一人,不得已也。

——孙子兵法·九地篇第十一

【注解】

①率然:古代传说中的一种蛇。　②常山:即恒山。西汉时因避汉文帝刘恒的名讳而改为常山。　③济:渡,过河。　④方马埋轮:把马并排捆起来,把车轮埋在地下,目的是防止士卒逃跑。　⑤恃(shì):依赖,依仗。　⑥齐勇若一,政之道也:齐勇如一人,靠的是军政之道严明。齐,齐心协力。　⑦刚柔皆得,地之理也:强者和弱者都能充分发挥战斗力,是巧妙地借助地形使然。刚柔,刚强和柔弱,强壮的士兵和羸弱的士兵。

第二单元　为将之道

【今译】

所以善于用兵的人，就好比"率然"一样。"率然"是恒山的一种蛇。打它的头部，尾巴就来救应，打它的尾巴，头就过来救应，打它的腹部，头尾都来救应。试问："军队可指挥得像率然一样吗？"回答说："可以。"吴国人与越国人是互相仇恨的，当他们同船渡河，遇到大风时，他们相互救助，就像一个人的左右手一样配合。因此，把马并排捆起来，把马车的车轮埋在地下，不足以凭借它来稳定军心；三军勇敢，如同一人，要靠平时的军政教导；要使强弱不同的士卒都能发挥作用，在于对地形的充分利用。所以善于用兵打仗的人，能使士卒们携手如同一个人一样服从指挥，这没有别的选择。

【释义】

为将者善于用兵的话，指挥军队像指挥一个人一样得心应手。本章以率然这种蛇为譬喻说明军队的首尾相顾，变化自如。至于如何使军队达到这样整体的行动效果，孙子又举了吴越关系的例子，春秋时期吴越水火不容，但是如果他们遇上风暴，也一定会同舟共济，像左右手一样相互救助，可见环境是改变人们行动的重要因素。让士兵统一不能依靠把马头连在一起、把车轮埋住防止逃逸这些硬性手段，而是要通过平日的训练与教化以及特殊的战争环境，比如上文所说的"投之无所往"。

用民得其性

【原文】

赏未行,罚未用,而民听令者,其令,民之所能行也。赏高罚下,而民不听其令者,其令,民之所不能行也。使民虽不利,进死而不旋踵①,孟贲之所难也,而责之民,是使水逆流也。

故战势,胜者益②之,败者代之,劳者息之,饥者食之。故民见□人而未见死,蹈白刃而不旋踵。故行水得其理,漂石折舟③;用民得其性,则令行如流。

——孙膑兵法·奇正

注解

①进死而不旋踵:拼死前进而不后退。旋踵:调转脚跟。　②益:使……获得好处,奖赏。　③漂石折舟:可理解为用流水冲石头去毁掉船只。

【今译】

赏没有实行,罚没有使用,而众军却肯听从命令,这是由于这些命令是众军能够执行的。悬出高赏规则,颁布惩罚措施,而

众军却不听从命令，这是由于命令不能被执行。要让众军即使处在不利的形势下，仍然拼死前进而毫不后退，这是像孟贲那样的勇士也难以做到的，如果苛责众军要做到，那就犹如要让河水倒流一样了。

所以，用兵作战的人，要按情势处理：军兵得胜，要让他们得到好处；军兵失败，将领要代替承担责任；军兵疲劳时，要让他们休整；军兵饥饿时，要让他们能吃上饭。这样就能使军兵遇上强敌也不怕死，踩上锋利的刀刃也不会转身后退。所以，懂得流水的规律后，就可以用流水冲石头去毁掉船只；使用军兵时了解他们的本性，执行军令就如同流水一样畅通了。

【释义】

在军队团结一致上，孙膑深入论述了指挥和赏罚问题，深刻地说明赏罚不在多少轻重，而在合理，更在于指挥得当，指挥不当，高赏低罚也不起作用。指挥得当，尚未实行赏罚也能起作用。他还特别强调了爱兵思想，要关心、体贴军兵。他提出将领要勇于承担责任，甚至要代兵受过，这一点特别重要，只有这样，才能大得军心，造就一支"遇上强敌也不怕死，踩上锋利的刀刃也不会转身后退"的劲旅。这样的将领便能做到"用流水冲石头去毁掉敌船"那样用兵如神。

将军之事

【原文】

将军①之事：静以幽，正以治②。能愚士卒之耳目，使民无知③。易其事，革其谋，使民无识④；易其居，迂其途，使民不得虑⑤。帅与之期，如登高而去其梯⑥；帅与之深入诸侯之地，而发其机，焚舟破釜⑦，若驱群羊，驱而往，驱而来，莫知所之。聚三军之众，投之于险，此谓将军之事也。

——孙子兵法·九地篇第十一

注解

①将军：主持军事。将，率领。　②静以幽，正以治：沉静而深邃难测、严正肃穆，有条不紊。幽，隐晦难测。以，而。治，治理得有条理。　③愚士卒之耳目，使民无知：蒙蔽士卒的耳目，不让他们知晓军情。愚，欺骗。民，士卒。　④易其事，革其谋，使民无识：变更部署，改变计谋，使人无法识破。易，改变。革，变更；更改。　⑤易其居，迂其途，使民不得虑：变换驻防，迂回行军，使别人捉摸不透。居，指驻地。迂，迂回。　⑥帅与之期，如登高而去其梯：主帅与士卒规定时间去作战，就像登上高处后抽掉梯子一样不留退路，使之勇往直前。之，指士卒。

第二单元　为将之道

期，这里指规定时间去作战。　⑦帅与之深入诸侯之地，而发其机，焚舟破釜：将帅率兵深入重地后，就像从弩上发射出去的箭无法收回一样，把乘坐的船烧毁，把炊具打碎。机，弩的机括。釜，古代的一种炊具，类似锅。

【今译】

统帅军队的事情：要沉着镇静而幽密难测，严正肃穆而有条不紊。能蒙蔽士卒的耳目，使他们对于军事行动毫无所知。改变作战计划，变更作战部署，使士卒无法识破；改换驻军地方，迂回行进，使士卒不能猜透。将帅与士卒在规定的时间去作战，像登高后抽去梯子一样不留后路；将帅与士卒深入诸侯重地，像射出的箭矢一样勇往直前，把乘坐的船烧毁，把炊具打碎，对士卒如同驱赶羊群，赶过去，赶过来，使他们不知要到哪里去。把全军将士聚集起来，把他们置于危险的境地，这就是统帅军队所要做的事情。

【释义】

本章论述了为将者统帅军队的秘诀。镇静深邃，且管理有方。让士卒无法猜测用兵方向，改变作战行动与计划，改变宿营地和行军路线。"登高而去其梯"即《三十六计》中的"上屋抽梯"。

　　这些做法也许未必就是所谓的"愚兵",应该是出于上文所强调的"投之无所往"的方式,以此来激发士卒的战斗力,另外,不断改变战争的计划和实施,也有保密军情的需要。

第三单元

成于事先

　　战争总是以取胜为目的。那么如何才能获得战争的胜利呢？孙子认为，战争的胜负是可以预知的，他甚至认为胜者是先预知了胜利才去作战，败者是先作战再去争取胜利的。"知"在古文中作为"智"的通假字，可以看到"知"与智慧、谋略的密切关系，这也是《孙子兵法》独到的军事思想之一。

　　预知胜利有哪些判断的依据呢？孙子从主观行为和客观条件提出了"五事"、"五道"等标准。做到了这些标准，那么至少可以在战争中立于不败之地。至于最后结果，这又需要根据具体的战争形势采用制胜的方法。

　　本单元的主题为"成于事先"，这里的"成"可以解读为"成功"、"胜利"，即在战争中能通过预知的方式来获取胜利。当然，"成"解读为"形成"、"造成"则更加妥当，临战前的预测对战争最后的胜负起着重要的决定性作用。

第三单元　成于事先

庙 算 知 胜

【原文】

夫未战而庙算①胜者,得算②多也;未战而庙算不胜者,得算少也。多算胜,少算不胜,而况于无算乎?吾以此观之,胜负见③矣。

——孙子兵法·计篇第一

注解

①庙算:战前朝廷确定的谋略。　②得算:具备取胜的条件。
③见:同"现",呈现,显现。

【今译】

没有开战之前就能预料取胜，是因为能取胜的条件多；未开战而估计无法取胜，是因为能取胜的条件少。能取胜条件多的就能获胜，能取胜条件少的就不能获胜。更何况没有任何取胜条件的呢！我根据这些来观察战争，胜败也就清楚了。

【释义】

庙算首先是一种临战前进行的庄严仪式，用算筹比较敌我实力，预测战争胜负。庙算得胜者固然通常有更大的获胜可能。孙子告诉我们，不要打"无算"之战，多打"得算多"之战，这样自然能立于不败之地。

五事七计以知胜负

【原文】

故经①之以五事②，校③之以计④，而索其情⑤：一曰道⑥，二曰天⑦，三曰地⑧，四曰将⑨，五曰法⑩。道者，令民与上同意也⑪，

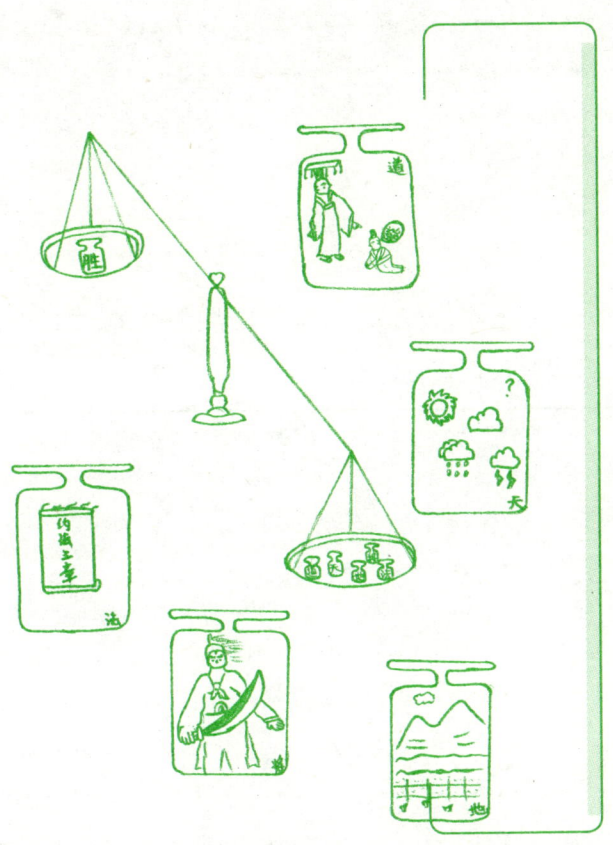

经之以五事,校之以计,而索其情:一曰道,二曰天,三曰地,四曰将,五曰法。

故可以与之死,可以与之生,而不畏危。天者,阴阳[12]、寒暑、时制[13]也。地者,远近、险易[14]、广狭、死生[15]也。将者,智、信、仁、勇、严也。法者,曲制[16]、官道[17]、主用[18]也。凡此五者,将莫不闻[19],知之者胜,不知者不胜。故校之以计,而索其情。曰:主孰有道[20]?将孰有能?天地孰得[21]?法令孰行?兵众孰强?士卒孰练[22]?赏罚孰明?吾以此知胜负矣。

——孙子兵法·计篇第一

注解

①经:分析研究。　②五事:五个方面的情况,即下文"道、天、地、将、法"五个方面的情实。　③校:较量,比较。　④计:计谋,考虑。这里指下文的"主孰有道"等情况。　⑤索其情:探索敌我双方的实情。　⑥道:这里指政治上清明。　⑦天:天时,即自然的气候条件。　⑧地:地理条件。　⑨将:将领。　⑩法:法令。　⑪民与上同意:民众与国君统一意志。上,指国君;意,思想、志向。　⑫阴阳:指昼夜、晴晦等自然天象。　⑬时制:季节更替。　⑭险易:险阻难行之地。易,平坦易行之地。　⑮死生:死地和生地,即有利于进退和不利于进退的地形环境。　⑯曲制:军队的组织、编制等制度。　⑰官道:各级将吏的职责区分、统辖管理等制度。　⑱主用:军备物资、军事费用的供应管理制度。　⑲闻:知道;了解。　⑳主孰有道:哪一方的国君得民心。孰,谁。　㉑天地孰得:哪一方得天时、地利。　㉒练:熟练、干练。

【今译】

因此，要通过对五个方面的情况进行综合研究、比较谋略，来探讨战争胜负的情势：一是道，二是天，三是地，四是将，五是法。所谓"道"，就是要让民众和君主的意愿一致，所以可以让民众与你一起去死，也可以让民众与你一起去活。所谓"天"，是指昼夜、晴雨、寒冷、炎热、季节气候的变化。所谓"地"，就是指距离的远近、地势的险要和平坦、环境的开阔和狭窄、地形的是否有利于进退。所谓"将"，就是指挥者所具备的智慧谋略、赏罚有信、爱护部下、作战勇敢、纪律严明的品德。所谓"法"，就是指军队的组织管理、将官的职权划分、物资供应和费用开支等方面的制度。凡属这五个方面的情况，将领们没有不知道的。但只有充分掌握这些才能取胜，相反就会作战失败。所以，比较双方的具体条件来探究影响战争胜负的情势，就要分析：即双方君主哪一方施政清明？哪一方将帅更有才能？哪一方占有更好的天时地利？哪一方的法令能够切实执行？哪一方兵力强大？哪一方士卒训练有素？哪一方赏罚更为分明？通过这些分析比较就能够判断谁胜谁负了。

【释义】

孙子认为战争的胜负可以通过比较敌我的条件而预知，他提出了五项比较内容以及相对应的七计："道"即"主孰有道"，"天"、

"地"即"天地孰得","将"即"将孰有能","法"即"法令孰行"、"兵众孰强"、"士卒孰练"、"赏罚孰明"。显然，孙子所言的五事是有明确顺序的。"道"关乎民心向背，可见政治永远是先于军事的。"天"、"地"涉及外在条件，"天"有天文、气象、时令等自然环境的因素，"地"在《孙子》一书的《九地》、《地形》中有比较详细的阐释。不可否认，古人所谓的经"天地"，存在一定的迷信思想，但是孙子强调借助天地提供的形势来获取战争的胜利，是很有积极意义的。"将"、"法"为人事，为将者具备最重要素质的是"智"，这与《孙子》一书重"谋略"与"机变"相吻合。而"法"则是保障军事活动有序的重要条件，军纪、训练和赏罚决定了士兵的战斗力。

知 胜 之 五 道

【原文】

故知胜①有五：知可以战与不可以战者胜，识众寡之用②者胜，上下同欲③者胜，以虞④待不虞者胜，将能而君不御⑤者胜。此五者，

知胜之道也。

——孙子兵法·谋攻篇第三

注解

①知胜：预测胜利。　②识众寡之用：懂得根据兵力的多少来灵活运用。众寡，兵力的多与少。　③上下同欲：君臣上下同心同德。欲，意愿，即同心同德。　④虞(yú)：戒备，准备。　⑤将能而君不御：将领有才能，君主不加以干涉。御，驾驭，这里指干预、束缚。

【今译】

因此预见胜利的方式有五点：懂得什么条件下可以开战或不可以开战，能取胜；懂得根据兵力的多少而灵活运用的，能取胜；全军上下同心同德的，能取胜；以有准备对待没有准备的，能取胜；将帅有能力而国君不干预的，能取胜。这五条，是预知胜利的道理。

【释义】

孙子提出五个预知胜利的方面，主要是关于"五事"中"道"与"将"的层面。第一点是对战争形势的预判，是总纲，第二点是为将者的应变能力，第三点是人心统一的"道"，值得注意的是第四点涉及孙子的重要思想：知彼知己，第五点是国君与将帅的

关系,在第二单元已经详细讲过。

恒胜有五

【原文】

孙子曰:恒胜有五:得主专制①,胜。知道,胜。得众,胜。左右和,胜。量敌计险,胜。孙子曰:恒不胜有五:御将,不胜②。不知道,不胜。乖将,不胜③。不用间④,不胜。不得众,不胜。

——孙膑兵法·篡卒

注解

①得主专制:将帅得到君主信任,有指挥作战的全权。　②御将,不胜:将帅受君主牵制,不能自主,就不能胜利。御,驾驭、控制。
③乖将,不胜:将帅不和,不能胜利。乖,离异。　④间:间谍。

【今译】

孙膑说:"常胜的办法有五条:将领得到君王信任,能够全权指挥军队时，能取胜；将领懂得用兵规律，能取胜；将领得到广大士兵的拥护，能取胜；军队上下左右团结一致，能取胜；将领能够充分了解敌情，并能利用地形，能取胜！"

孙膑说："常败的原因也有五条：将领受君王控制而不能独立指挥，不能取胜；将领不懂用兵规律，不能取胜：将帅不和，不能取胜；将领不使用离间的计策，不能取胜；将领不能得到广大士兵拥护，不能取胜。"

【释义】

孙膑提出战争常胜的五条方法，包括将领指挥的权力，兵法的掌握，军队的统一与团结以及对敌人与地势的了解，根据这些内容在战争之前就可以预判胜负。为了强调，他从反面的角度把这几点又说明了一遍。

以 形 相 胜

【原文】

孙子曰：昔之善战者，先为不可胜①，以待敌之可胜②。不可

胜在己，可胜在敌。故善战者，能为不可胜③，不能使敌之可胜。故曰：胜可知而不可为④。不可胜者，守也；可胜者，攻也。守则不足，攻则有余。善守者，藏于九地之下⑤；善攻者，动于九天之上⑥，故能自保而全胜也。

见胜不过众人之所知，非善之善者⑦也；战胜而天下曰善，非善之善者⑧也。故举秋毫⑨不为多力，见日月不为明目。闻雷霆不为聪⑩耳。古之所谓善战者，胜于易胜者也。故善战者之胜也，无智名，无勇功⑪。故其战胜不忒⑫，不忒者，其所措⑬必胜，胜已败者⑭也。故善战者，立于不败之地，而不失敌之败⑮也。是故胜兵先胜⑯而后求战，败兵先战而后求胜。善用兵者，修道而保法⑰，故能为胜败之政⑱。

兵法：一曰度⑲，二曰量⑳，三曰数㉑，四曰称㉒，五曰胜㉓；地生度㉔，度生量㉕，量生数㉖，数生称㉗，称生胜㉘。故胜兵若以镒称铢㉙，败兵若以铢称镒。胜者之战民㉚也，若决积水于千仞之豁㉛者，形㉜也。

——孙子兵法·形篇第四

注解

①先为不可胜：先做到自己不被别人战胜。　②敌之可胜：敌方可能被战胜的机会或条件。　③能为不可胜：能创造自己不可被敌战胜的条件。　④为：指人为地强求。　⑤藏于九地

之下：善防御者防守时隐蔽得很好。九地，指极深的地下。
⑥动于九天之上：善攻击者进攻时迅捷异常。九天，指极高的天上。　⑦见胜不过众人之所知，非善之善者：预见胜负不高出众人的水平，不算是最高明的。　⑧战胜而天下曰善，非善之善者：力战而胜，天下人都说好，不算好中最好的。　⑨秋毫：鸟兽在秋天新长出的细毛，比喻极纤小的事物。　⑩聪：听觉灵敏。　⑪勇功：勇敢杀敌的功劳。　⑫忒(tè)：差，差错。　⑬措：措施。　⑭已败者：已经注定了要失败的敌人。　⑮不失敌之败：不放过任何一个可击败敌人的时机。　⑯先胜：预先有了战胜敌人的把握。　⑰修道而保法：修明政治，确保法令制度的贯彻实行。　⑱政：主宰。　⑲度：这里指土地面积的大小。　⑳量：这里指物产数量的多少。　㉑数：可动用的兵力的数目。　㉒称：比较、权衡。此指衡量双方实力之对比的状况。　㉓胜：指胜负优劣的情实。　㉔地生度：有了土地就可以丈量它面积的大小。地，指国土幅员。　㉕度生量：根据土地面积就可以估计物产数量的多少。　㉖量生数：根据物产数量的多少就可以估算可动用兵力的数目。　㉗数生称：根据动用兵力的数目就可以衡量敌我双方的实力。　㉘称生胜：通过对敌我双方实力的权衡就可以预见谁胜谁负。　㉙以镒(yì)称铢(zhū)：用镒来称量铢，比喻占有绝对优势。铢，古代计量单位，二十四铢为一两。镒，二十四两为一镒，合五百七十六铢。　㉚战民：统帅指挥部众参加作战。　㉛谿：山间的河沟，溪流。　㉜形：这里指基于军事实力而显示出来的巨大威力。

【今译】

孙子说：从前善于作战的人，总是先使自己不能被战胜，然后等待敌人可以被战胜的时机。让自己不能被战胜在于自己，敌人是否有被战胜的条件则在于敌人。所以，善于作战的人，能够使自己不被战胜，却不一定能战胜敌人。所以说：胜利可以预测，但不可人为地强求。自己不被战胜，是因为采取了严密的防守；能够战胜敌人，是因为发动了凌厉的攻势。采取防守，是因为兵力不足；进攻敌人，是因为兵力充足。善于防御的人，隐蔽自己的军队如同深藏在九地之下；善于进攻的人，就像从九天之上降临敌阵一样，所以能够保全自己并取得全面胜利。

预见胜利不超过一般人的见识，不算高明中最高明的；打败敌人而天下都说好，也不算高明中最高明的。所以能举起秋毫不算力气大，能看见太阳、月亮不算眼睛亮，听见雷霆不算耳朵灵。古代所谓的善于作战的人，是战胜容易战胜的敌人。因此，善于打仗的人打了胜仗，既没有智慧的名声，也没有勇敢杀敌的功劳。所以他取得战争胜利不会有差错，不会出差错的原因，是他们作战的措施建立在必胜的基础上，是战胜了注定要失败的敌人。所以善于作战的人，使自己立于不败之地，而不错失任何战胜敌人的机会。因此，胜利之师是先具备必胜的条件然后再作战，失败之军总是先同敌人交战，然后追求胜利。善于用兵的人，必须修明政治，确保法制，就能够主宰战争胜负的命运。

兵法上的原则：一是土地面积的大小，二是物产数量的多少，三是可以动用的兵力，四是要衡量敌我双方的力量，五是要预判战争的胜负。有了土地就可以丈量它面积的大小，根据土地面积就可以估计物产数量的多少，根据物产数量的多少就可以估算可动用兵力的数目，根据动用兵力的数目就可以衡量敌我双方的实力，通过对敌我双方实力的权衡就可以预见战争胜负。所以获胜的军队同失败的军队相比，就像用镒称量铢一样处于绝对的优势。胜利者在指挥军队作战时，就像千仞高的溪流中集聚的水因决口而向下奔泻一样，这就是基于军事实力而显示出来的巨大威力。

【释义】

战争胜负首先取决于己方，自己要做到"不可胜"，才有可能等待"敌之可胜"，孙子认为善战者所需做的是立于不败，至于能否最终获胜，从"知胜"到"制胜"则是"不可为"了。战争有攻守两方，有不可战胜的条件，就可以守，有可以战胜的条件，就可以攻，从己方角度而言，守则不足，攻则有余，其实无论攻守，关键还是知彼知己，才能克敌制胜。

古人论述道理时常设喻取譬，孙子继而用比喻说明以实力定胜负是非常自然的，"胜兵先胜而后求战，败兵先战而后求胜"，这值得我们思考：对战争的预测与准备是多么重要。衡量敌我的方式，孙子提出了几个指标，通过土地面积、粮食生产、兵卒数

量，可以比较战斗力，也可以判断胜负手。在胜负悬殊的情况下，胜方统治军队必然占有巨大的优势。

以万物之胜胜万物

【原文】

天地之理，至则反，盈则败，□□①是也。代②兴代废，四时是也。有胜有不胜，五行③是也。有生有死，万物是也。有能有不能，万生④是也。有所有余，有所不足，形势是也。故有形之徒，莫不可名⑤。有名之徒，莫不可胜⑥。故圣人以万物之胜胜万物⑦，故其胜不屈⑧。

——孙膑兵法·奇正

注解

①此处所缺二字疑为"日月"或"阴阳"。　②代：更替。
③五行：指金、木、水、火、土。五行相克有固定的规律。
④万生：各种生物。　⑤有形之徒，莫不可名：有形体的事物，

没有不可命名的。⑥有名之徒,莫不可胜:有名称的事物,没有不可制服的。⑦以万物之胜胜万物:用一物的特性克制另一物,以此驾驭万物。⑧屈:穷尽。

【今译】

天地间万事万物变化演进的道理是:物极必反,盛极必衰……朝代的兴衰更替,就如同一年四季的变化交替一样自然。战争有胜过别人、能取胜的一面,也有不如别人,不能取胜的一面,就如同五行相生相克一样。有生就有死,世间万物都是一样。有能做到的,也有不能做到的,所有的人都是这样。有些方面是有余的,也有些方面是不足的,形势发展变化就是这样。因此,只要是有阵形显现的军队,没有不能命名的;能命名的军队,就没有不可战胜的。所以,圣人会运用万物的长处去制胜万物,所以这样的胜利不会穷尽。

【释义】

孙膑从宇宙万物运行规律的高度去论述用兵的道理。有形的东西都会有名,有名的东西都会有克服它的办法,也就是说一切事物相生相克,总有能够战胜的方法。具体的方法是,先要识别敌方的军队,再以相应的长处制胜。"以万物之胜胜万物,故其胜

不屈",这是孙膑提倡的常胜之道。

所以胜不可一也

【原文】

战者,以形相胜者也。形莫不可以胜,而莫知其所以胜之形①。形胜之变,与天地相敝而不穷②。形胜,以楚越之竹书之而不足③。形者,皆以共胜胜者也④。以一形之胜胜万形,不可⑤。所以制形壹也,所以胜不可壹也⑥。故善战者,见敌之所长,则知其所短;见敌之所不足,则知其所有余。见胜如见日月。其错胜⑦也,如以水胜火。

——孙膑兵法·奇正

【注解】

①形莫不可以胜,而莫知其所以胜之形:有形之物没有不可制服的,问题是不知道用什么去制服它。　②与天地相敝而不穷:万事万物相生相克的现象和天地共始终而无穷无尽。　③楚越

之竹书之而不足：万物相胜的现象是写不完的。楚越之竹书，楚和越都盛产竹，古人在竹简上写字。　④皆以共胜胜者也：都以其长处制胜。　⑤以一形之胜胜万形，不可：以一种事物去制胜万物，是不可能的。　⑥所以制形壹也，所以胜不可壹也：用来制胜的原则是一样的，但用来制胜的事物是各种各样的。　⑦错胜：制胜。错，同"措"，措置。

【今译】

　　用兵作战，是凭借阵形战胜对方的。阵形没有不能战胜的，只是不知道用来战胜对方的阵形而已。以阵形取胜的变化，就如同天和地相互遮蔽一样没有穷尽的。以阵形取胜的办法，用尽楚越两地的竹子来写也是不够的。阵形是用长处去制胜的。用一种阵形的长处去胜过万种阵形，这是不可能的。所以用来制胜的原则是一样的，但是取胜的阵形却不可能是一成不变的。因此善于用兵作战的人，了解敌军的长处，就能知道敌军的短处；了解敌军不足的方面，就能知道敌军有利的方面。这样预见胜利，就如同预见日月升降一样容易。这种取胜的措施，如同用水灭火一样有效。

【释义】

　　孙膑非常强调作战的阵形，任何阵形都有取胜的办法，但具

体的办法却不胜枚举。孙膑从形而上的理论出发,阐释了以阵形取胜的方法,那就是扬长避短,以长击短。这样,战争的胜利就好像日月升起那样清晰可见,好像用水灭火那样顺理成章。在《孙子兵法·虚实篇》中有"人皆知我所以胜之形,而莫知吾所以制胜之形",可以相互比较参考。

胜可为

【原文】

以吾度①之,越人之兵虽多,亦奚益于胜哉②?故曰:胜可为③也。敌虽众,可使无斗④。

——孙子兵法·虚实篇第六

注解

①度(duó):揣测;估量。　②亦奚益于胜哉:对于战争的胜败有什么作用呢?奚,何。益,补益、帮助。　③为:人为造成,创造。　④无斗:没有战斗力。

【今译】

据我分析，越国的军队虽多，但对于战争的胜败有什么作用呢？所以说：胜利是可以通过努力去促成的。敌人虽然众多，可使它失去战斗力。

【释义】

吴越相争的背景我们熟知，这段文字有力地证明了孙子曾经相助吴国敌越的历史事实。战争的胜负并不只是决定于双方军队的多少，更在于用兵的高下。这里的"胜可为"看似与上一段所说的"胜可知，而不可为"相矛盾，实则正好构成了决定战争胜负的两大因素。在战前要比较双方条件预知胜负，但战场风云变幻，在这一阶段还无法"为胜"，到了战争开展阶段，根据敌方状况与形势发展，便可以凭借实力来"为胜"。

第四单元

知彼知己

　　从上个单元的"知胜",可以看出孙子非常注重"知"的作用。在战争中的"知"具体包括"知彼知己"与"知天知地"。

　　"知己"与"知彼"之中,孙子有意强调了"知彼",因为这往往易为人们忽视。人们总是更多关注自己,但只做到"知己",胜率只有一半。

　　本单元的主要内容谈"知彼"。

　　"知彼"即了解敌情,孙子从微观层面指出通过不同地形、动植物、自然环境和敌人的细节变化等方面判断敌人的行动与意图。在宏观层面,孙子以《用间篇》整整一篇的篇幅来阐述用间的种类、方法和意义。

第四单元　知彼知己

知 彼 知 己

【原文】

故曰：知彼知己者，百战不殆①；不知彼而知己，一胜一负；不知彼，不知己，每战必殆。

——孙子兵法·谋攻篇第三

注解

①百战不殆(dài)：每战都不会有危险。殆，危险。

【今译】

所以说：了解敌人，也了解自己，每战都不会有危险；不了解敌人而只了解自己，胜负的可能性各占一半；既不了解敌方，又不了解自己，每战都会有危险。

【释义】

"知彼知己，百战不殆"的话今天已经耳熟能详，但孙子在两千多年前就提出这一观点非常可贵。不知己，每战必败，如果只"知己"，则只有一半的胜率，知己知彼才能获得全胜。把"知彼"放在"知己"之前，还体现了孙子对了解敌方的看重。以二元方式观察与理解世界，从"自我"到"他者"，这是人类思维方式巨大的前进与突破。

相敌三十三法

【原文】

敌近而静者，恃其险也；远而挑战者，欲人之进也，其所居易①者，利也。众树动者，来也；众草多障②者，疑也；鸟起者，

知彼知己者,百战不殆;不知彼而知己,一胜一负;不知彼,不知己,每战必殆。

第四单元 知彼知己

伏③也；兽骇者，覆④也；尘高而锐⑤者，车来也；卑而广者，徒来也⑥；散而条达⑦者，樵采⑧也；少而往来者，营军⑨也。辞卑而益备⑩者，进也；辞强而进驱者，退也；轻车先出居其侧者，陈也⑪；无约而请和者，谋也⑫；奔走而陈兵者，期⑬也；半进半退者，诱也。杖而立⑭者，饥也；汲⑮而先饮者，渴也；见利而不进者，劳也；鸟集者，虚也⑯；夜呼者，恐也；军扰者，将不重也⑰；旌旗动者，乱也；吏怒者，倦也⑱；粟马肉食，军无悬缻不返其舍者⑲，穷寇也；谆谆翕翕⑳，徐与人言者，失众也；数㉑赏者，窘也；数罚者，困也；先暴而后畏其众者，不精之至也；来委谢㉒者，欲休息也。兵怒而相迎，久而不合㉓，又不相去，必谨察之。

——孙子兵法·行军篇第九

注解

①易：平坦。　②障：障蔽物。　③伏：指伏兵。　④覆：伏兵，埋伏。敌人的掩袭。　⑤锐：尖　⑥卑而广者，徒来也：卑，低。徒，步兵。尘土扬得低且面积大，是敌人的步兵正在开来。　⑦条达：断断续续的样子。一说指细长。　⑧樵采：打柴。　⑨营军：营，扎营。安营扎寨。　⑩益备：加强战备。　⑪轻车先出居其侧者，陈也：陈，同"阵"，指布阵。此句言战车先出其营之侧面，是列阵欲战。　⑫无约而请和者，谋也：未至屈困之境而请和，必有奸谋。　⑬期：期望。这里指希望决战。　⑭杖而立：杖，拄杖，这里指拄着兵器。杖而立，指拄着兵器站着。　⑮汲：从低处打水。　⑯鸟集者，虚也：

此言群鸟集中其上，则其下营垒已空。⑰军扰者，将不重也：不重，缺乏威望。故军多惊扰，是将领无威容，不持重。⑱吏怒者，倦也：倦，厌倦。此言军士忿怒，是士众倦烦了。⑲粟马肉食，军无悬瓿不返其舍者：以粮食喂马，杀牲口吃肉，把炊事用具收拾起来，军队不再返回军营。瓿，用来盛酒或汲水的瓦器，这里指炊事用具。⑳谆(zhūn)谆翕(xī)翕：谆谆，教诲不倦的样子。翕翕，聚合的样子。此句言士卒们私下小声地议论。㉑数(shuò)：多次，屡次。㉒委谢：言语委婉地表示谢罪。㉓合：交战。

【今译】

敌人离我方很近但仍然保持安静，是依仗他们占据着险要的地形；敌人离我很远却向我方发起挑战的，是想诱我前进；敌人驻扎在平坦的地方，处于有利的形势。前方许多树木摇动，那是敌人正在前来；草丛中有许多障蔽物，是想使我们迷惑；鸟儿突然从树林中飞起，下面必有伏兵；猛兽突然受惊，是大军突袭而至。尘埃飞扬高而直冲云间，是敌人战车来临；尘埃飞扬低而且面积广，是敌人步兵开来；尘土散乱而断续，是敌人正在砍柴；尘土少而时起时落，是敌人正在扎营。敌人使者卑谦而加紧备战的，那是企图向我进攻；敌人使者言辞强硬而先头部队又向前逼进的，是准备撤退；敌人的战车先出并居于队伍的侧翼，是在布列阵势；敌人事先没有约定而来讲和的，是别有图谋，敌人来回奔走并出动兵车，是要约期同我决战；敌人半进半退的，是企图诱我前往；

第四单元　知彼知己

敌人倚着兵器而站立的,是饥饿的表现;供水士兵打水先饮的,是干渴的表现;敌人见利而不争夺的,是疲劳的表现;群鸟聚集在敌营上空,营地必已空虚;敌军夜有呼叫者,是因为军心恐慌;敌军纷乱无序,是敌将没有威严;敌旌旗乱动,是敌营阵脚已乱;敌军官吏容易发怒,说明他们已经对战争感到厌倦;用粮食喂马,杀牲口吃,把炊事用具收拾起来,军队不再返回军营,说明敌人已经陷入绝境;把部下聚合起来,不停地解释,口气和缓地与他们说话,是敌将失去了人心;不断犒赏士卒的,是敌军处境窘迫;屡屡惩处部属的,是敌人处境困难;敌将先对士卒暴虐,后又畏惧士卒叛离的,那是愚蠢到极点的将领;敌人派使者言语委婉地前来谢罪,是想休兵息战;敌人盛怒而来,却久不交战又不撤离,必须仔细审察敌人的企图。

【释义】

　　这一章介绍了观察敌情的方式,具体包括以下几个方面:一是从险、远、易等地形的观察。二是从周围自然环境观察,包括鸟兽活动、草木变化以及车辙、扬尘等特殊迹象。三是从敌人的战场行动观察,是诱敌、阴谋还是要决战。四是从士兵的细节表现观察敌方的军心、士气、将士关系等。这四方面总计有三十三种情况。可见,"知彼"的问题可以落实到最细节最微观的敌方,这里既有赖军队长期以来的丰富经验,也依靠全体将士的细致与周到。

知敌之情

【原文】

孙子曰：凡兴师十万，出征千里，百姓之费，公家之奉①，日费千金。内外骚动，怠②于道路，不得操事③者，七十万家。相守数年，以争一日之胜，而爱④爵禄百金，不知敌之情者，不仁之至也，非民之将也，非主之佐也，非胜之主也。故明君贤将所以动而胜人，成功出于众者，先知也。先知者，不可取⑤于鬼神，不可象于事⑥，不可验于度⑦，必取于人，知敌之情者也。

——孙子兵法·用间篇第十三

【注解】

①奉：同"俸"，指国家的开支。　②怠：疲倦。　③操事：这里指从事生产劳动。　④爱：吝惜；吝啬。　⑤取：索取；求取。　⑥象于事：用以前的事情进行类比。　⑦验于度：用日月星辰运行的位置来验证。

【今译】

孙子说：凡是出动十万人的部队，千里征战，那么百姓的耗费，

第四单元　知彼知己

国家的开支，每天都要花掉千金。国家内外动荡不安，士卒疲备地在路上奔波，不能从事正常生产的，有七十万家。敌我双方这样相持数年，来争取胜利的那一天，如果吝惜爵禄和金钱，不能用来了解敌情，那就是不仁爱到极点了。这种人不是军队理想的统帅，不是国君理想的辅佐，也不是胜利的主宰。所以，英明的君主和贤能的将帅出兵就能战胜敌人，成就的功业超过一般人，就在于能预先掌握敌情。要事先了解敌情，不可求神问鬼，也不可用相似的事物作类比，不可用日月星辰运行的位置去验证，一定要求助于人，也就是真正了解敌情的人。

【释义】

第一单元已经讲到，大军出征需要物力、人力、时间等巨大投入，所以孙子指出战争"贵胜不贵久"，所谓"争一日之胜"。要减少战争的损耗，获取最大的利益，就要"知敌之情"，这涉及一个将领是否真正"仁"，可见至关重要。

那么如何"知"呢？孙子认为向鬼神祷告是行不通的，而相术与占卜也行不通，这些都是超验的方法。孙子在这里体现了一定的唯物思想。事先了解敌情，只有依靠人，依靠谋略，具体而言就是间谍。

五 间 之 用

【原文】

故用间①有五：有因间，有内间，有反间，有死间，有生间。五间俱起，莫知其道，是谓神纪②，人君之宝也。因间者，因③其乡人④而用之；内间者，因其官人⑤而用之；反间者，因其敌间而用之；死间者，为诳⑥事于外，令吾闻知之而传于敌间也；生间者，反⑦报也。

故三军之事，莫亲于间，赏莫厚于间，事莫密于间，非圣智不能用间，非仁义不能使间，非微妙⑧不能得间之实。微哉微哉！无所不用间也。间事⑨未发，而先闻者，间与所告者⑩皆死。

凡军之所欲击，城之所欲攻，人之所欲杀，必先知其守将、左右、谒者⑪、门者⑫、舍人⑬之姓名，令吾间必索⑭知之。

敌间之来间⑮我者，因而利之，导⑯而舍之，故反间可得而用也；因是而知之，故乡间、内间可得而使也；因是而知之，故死间为诳事，可使告敌；因是而知之，故生间可使如期。五间之事，主必知之，知之必在于反间，故反间不可不厚⑰也。

——孙子兵法·用间篇第十三

第四单元　知彼知己

注解

①间：间谍。　②神纪：神妙的道理。纪，道理。　③因：凭借，这里指利用。　④乡人：乡间之人。一说指乡间的地方官。　⑤官人：官吏。　⑥诳（kuáng）：欺骗；迷惑。　⑦反：同"返"，指返回。　⑧微妙：精微巧妙。　⑨间事：指使用间谍的事。　⑩所告者：泄露消息的人。　⑪谒(yè)者：负责接待宾客的人。　⑫门者：守门的官吏。　⑬舍人：官名，掌管宫中之政的人。　⑭索：求取。　⑮间：刺探、侦查。　⑯导：导，引导、诱导。　⑰厚：看重，优待。

【今译】

所以，可使用的间谍有五种：即因间、内间、反间、死间、生间。五种间谍同时使用，使敌人无法弄清其中的奥秘，这是使用间谍神妙莫测的方法，也正是国君克敌制胜的法宝。所谓因间，是指利用敌国的乡间之人做间谍；所谓内间，就是利用敌方官吏做间谍；所谓反间，就是使敌方间谍为我所用；所谓死间，是指对外制造假情报，通过我方间谍将假情报传给敌间，诱使敌人上当；所谓生间，就是侦察后能活着回来报告敌情的人。

所以军队的人没有比间谍更亲近的，奖赏没有比间谍更优厚的，事情没有比间谍更秘密的。不是圣明睿智的人不能任用间谍，不是仁德正义的人不能指使间谍，不是谋虑精细的人不能得到间谍提供的真实情报。微妙啊，微妙啊！没有不使用间谍的地方。间谍的工作还未开展，而已泄露出去的，那么间谍和了解内情的人都要处死。

凡是要攻打的敌方军队，要攻占的城池，要刺杀的敌方官员，都须预先了解他们守城的将领、左右的亲信、负责接待宾客的人、守门的官吏和门客幕僚的姓名，命令我方间谍一定要侦察了解这些情况。

敌方派来侦察我方军情的间谍，乘机用重金收买他，引诱他，再放他回去，这样，反间就可以为我方所用了。通过反间了解敌情，那么乡间、内间也就可以利用起来。通过反间了解敌情，这样死间就能制造假情报，让他传播给敌人。通过反间了解敌情，就能使生间按预定时间报告敌情了。五种间谍的使用，国君都必须了解掌握。了解情况的关键在于使用反间，所以对反间不可不给予优厚的待遇。

【释义】

本章列举了五种间谍：因间即敌人所在地的平民百姓；内间是敌国的官员；反间是使敌方间谍为我所用；死间是我方派出的传播假情报的间谍，但事情败露难免一死；生间是我方派出打探情报的间谍，必须活着回来送情报。间谍一共有两个作用，一是打听敌人的真实情报，二是向敌人传播我方的假情报，从而实现孙子所说的"知彼知己"以求"胜而不殆"。从间谍运用的技巧来看，因间、内间与反间属于因地制胜，成本低，效果好，也更加高妙。

使用间谍的要求首先是间谍足够让人信任，以免成为对方的内间，其次要给予间谍最高的待遇，并做好严格的保密工作。间谍承担着极大的风险，当然也展现着极高的智慧与机巧。

五种间谍的使用方法，首先搜出敌方间谍使其成为反间，以为己用。其次再通过反间得到因间与内间，再派出死间和生间打探情报。五间之中，反间无疑至关重要，也就需要重金收买。

以上智为间

【原文】

昔殷之兴也，伊挚①在夏；周之兴也，吕牙②在殷。故明君贤将，能以上智为间者，必成大功。此兵之要，三军之所恃③而动也。

——孙子兵法·用间篇第十三

【注解】

① 伊挚：即伊尹。商初大臣，辅佐成汤伐桀灭夏，建立商朝。
② 吕牙：即吕尚，字子牙，他辅佐周武王伐纣灭殷，建立了周朝。
③ 恃：依赖，依仗。

【今译】

从前殷商的兴起，在于重用了在夏朝为臣的伊挚；周朝的兴起，是由于重用了曾在殷为臣的吕牙。所以，明智的国君，贤能的将帅，能用智慧高超的人充当间谍，就一定能成就大功。这是用兵的关键，整个军队都要依靠它来决定军事行动。

【释义】

对于孙子所说的伊尹和吕尚担任间谍的事情，史学家进行了一些考证：伊挚当间谍，曾五次投商汤，五次投夏桀。当初商汤派伊尹入夏打探敌情，为了装得像，还故意演苦肉计。夏桀好色，喜新厌旧，不理妹喜，伊尹便用反间计从妹喜那边得到许多情报。吕尚也三次投文王，三次投商纣。历史的具体细节已不可考，这里我们可以对用间做一个广义的理解，孙子通过上智之人伊尹和吕尚的功绩说明用间对国家生死存亡的决定作用，这也是孙子对"知彼"这一重要思想的总结，作为全书最后一章，也是对开篇的充分照应。

第五单元

知天知地

除了"知彼知己",战争能否决胜的另一半因素在于"知天知地"。

本书第一单元鲜明地揭示了战争的性质:兵者诡道。本单元又一次强调了"兵以诈立",也就是要运用谋略利用一切有利于自身获胜的战争因素,其中地理、地形、地势也是重要的因素。

孙子结合实际作战的经验,提出了"地之六道"、"九地之变",以及驻军需要远离的六种险地。在不同的地形条件下要采取不同的策略与方针,才能立于不败之地。当然,孙子的军事思想始终以"人"为重点,"知地"也是以控制敌人,调动士兵为最终目的。

本单元主要是孙子对战争中判断、选择与利用不同的"地"的介绍。此外,也选录了孙膑对于"知地"和"知时"的见解,对《孙子兵法》是一种补充和延伸。

第五单元　知天知地

四 知而全胜

【原文】

知吾卒之可以击，而不知敌之不可击，胜之半也；知敌之可击，而不知吾卒之不可以击，胜之半也；知敌之可击，知吾卒之可以击，而不知地形之不可以战，胜之半也。故知兵者，动而不迷①，举而不穷②。故曰：知彼知己，胜乃不殆③；知天知地，胜乃可全。

——孙子兵法·地形篇第十

注解

①动而不迷：行动时不会迷惑。迷，迷惑。
②举而不穷：采取的行动是无穷无尽的。举，举动、行动。
③殆：危险。

【今译】

知道我方的士兵可以进攻，而不知敌方不可以攻击，胜利的可能仅为一半；知道敌方可以进攻，而不知我方士兵不可以进攻，胜利的可能只有一半；知道敌方可以进攻，知道我方士兵可以进攻，但不知道地形不可以用来作战的，胜利的可能只有一半。所以知道用兵的人，他的行动不会迷惑，他的举措变化无穷。所以说：了解对方又了解自己，取胜就没有危险；通晓天时通晓地利，胜利就可以确保周全。

【释义】

三个"胜之半也"，是为了引出"全胜"。孙子在"知彼知己"的基础上还提出了"知天知地"，这样才能从"胜乃不殆"上升为"胜乃可全"。可见他对于"天地"的重视。当然，这里"地形"主要谈的还是"地"的问题。

兵 以 诈 立

【原文】

故不知诸侯之谋者，不能豫交①；不知山林、险阻、沮泽②之形者，不能行军；不用乡导③者，不能得地利。故兵以诈立④，以利动，以分合为变⑤者也。故其疾如风，其徐如林，侵掠⑥如火，不动如山，难知如阴⑦，动如雷霆。掠乡分众⑧，廓⑨地分利⑩，悬权⑪而动。先知迂直之计者胜，此军争⑫之法也。

——孙子兵法·军争篇第七

注解

①豫交：结交诸侯。豫，通"与"，参与。　②沮(jū)泽：水草丛生的沼泽地。　③乡导：向导,熟悉该地区情况的带路人。乡，通"向"。　④立：成立，存在。　⑤以分合为变：把分散与集中作为变化手段。　⑥侵掠：这里指进攻、攻击。　⑦阴：阴天。　⑧分众：分配俘虏的人众。　⑨廓：同"扩"，扩张。　⑩分利：分配利益。　⑪悬权：权，秤锤。悬挂秤锤，指权衡。　⑫军争：争夺取胜的主动权。

【今译】

凡是不了解其他诸侯国的图谋,就不能与他结交;不熟悉山岭、树林、险阻、沼泽等地形的,不能率军行进;不重用向导的,就不能充分利用地形的优势。所以用兵以诡诈为原则,根据是否有利而采取行动,通过军队的分散与集中来实施变化。所以部队快速行动时犹如疾风;慢速行动时犹如森林,发动攻击像烈火一样迅猛,静止不动时像山岳一样稳固,隐蔽时像阴云笼罩一样难以窥测,发起进攻有如雷霆震动一样声威逼人。掠夺敌乡的财物,分配俘获的人众;开拓疆土,瓜分利益。权衡利害得失,然后决定行动。先懂得把迂回曲折变为直截的计谋的人能获胜,这是争取先制之利的方法啊。

【释义】

群雄割据的时代,很有必要制定外交的方针,这看似是政治,实则与地形有关。孙子指出,行军要了解并注意特殊的地形,并要使用向导。所谓"兵以诈立",军队的行动像风、林、火、山,"疾"对"徐","侵掠"对"不动",说明了用兵要灵活多变,体现"诈"的内涵。"以利动"具体体现在"掠乡分众,廓地分利,悬权而动",所谓悬权而动,这是孙子从战争前到战争中一贯坚持的原则。

兵以诈立，以利动，以分合为变者也。

第五单元 知天知地

因地之利

【原文】

孙子曰：用八陈①战者，因地之利，用八阵之宜。用陈参分②，诲阵有锋③，诲锋有后，皆侍令而动。斗一，守二④。以一侵适⑤，以二收。适弱以乱，先其选卒⑥以乘之。适强以治，先其下卒⑦以诱之。车骑与战者，分以为三，一在于右，一在于左，一在于后。易则多其车，险则多其骑，厄⑧则多其弩。险易必知生地、死地，居生击死。

——孙膑兵法·八阵

注解

①陈：同"阵"。下文同。　②参分：分为三份。参，同"三"。
③诲阵有锋：每个阵列都有前锋。诲，同"每"。　④斗一，守二：以三分之一的兵力去同敌人作战，用三分之二的兵力来防守。
⑤适：同"敌"。下文同。　⑥选卒：挑选出来的精锐兵士。
⑦下卒：战斗力弱的兵士。　⑧厄：两边高峻的狭窄的地形，险要的地方。

【今译】

孙膑说:"用八种兵阵作战的将领,要善于利用地形条件,选用八阵中合适的阵势。布阵时要把兵分为三部分,每阵要有先锋,先锋之后要有后续兵力,所有军兵都要根据命令行动。用三分之一的兵力出击,用三分之二的兵力守卫。用三分之一的兵力攻破敌阵,用三分之二的兵力完成歼敌任务。敌军兵力弱而且阵势混乱时,就先让精锐兵士去攻击敌军。敌军强大而且阵势整齐时,就先用一些弱兵去诱敌。用战车和骑兵出战时,把兵力分为三部分,一部分在右侧,一部分在左侧,一部分断后。地势平坦的地方多用战车,地势险阻的地方多用骑兵,地势狭窄的地方多用弓弩手。无论在险阻还是平坦的地方,都必须先了解哪里是生地,哪里是险地,要占据生地,攻击处于死地的敌人。"

【释义】

孙膑兵法中有许多关于阵法阵形的论述,但本章并不是具体讲述八种兵阵的布阵方法和具体运用的,而是从宏观上论述用兵的基本规律和使用阵法的基本原则。其中最重要的就是对地形的利用,根据地形条件采取应战策略,选择合适的兵种,布置合理的攻防兵力,使自己的优势最大化。

第五单元　知天知地

地之六道

【原文】

孙子曰：地形有通①者，有挂②者，有支③者，有隘④者，有险⑤者，有远者。我可以往，彼可以来，曰通；通形者，先居高阳⑥，利粮道⑦，以战则利。可以往，难以返，曰挂；挂形者，敌无备，出而胜之；敌若有备，出而不胜，难以返，不利。我出而不利，彼出而不利，曰支；支形者，敌虽利我⑧，我无出也；引而去之⑨，令敌半出而击之利。隘形者，我先居之，必盈之以待敌⑩；若敌先居之，盈而勿从，不盈而从之⑪。险形者，我先居之，必居高阳以待敌⑫；若敌先居之，引而去之，勿从也。远形者，势均⑬，难以挑战⑭，战而不利。凡此六者，地之道也⑮；将之至任⑯，不可不察也。

——孙子兵法·地形篇第十

【注解】

①通：通达，指四通八达的地区。　②挂：挂碍、牵阻，易往难返之地。　③支：有相持，这里指谁先出发都不利之地。　④隘(ài)：指出口狭窄的地方。　⑤险：指山川险要、行动不便利的地带。　⑥先居高阳：应率先占据地高向阳的地形，取得

战争的主动权。 ⑦利粮道：此言保持粮道畅通。 ⑧敌虽利我：敌人以利益诱惑我。 ⑨引而去之：率领兵队伪装退去。引，率领。去，离开。 ⑩必盈之以待敌：一定要用足够的兵力堵塞隘口，以对付敌军来犯。盈，满、堵。 ⑪盈而勿从，不盈而从之：在隘形作战，敌若先占领，并用重兵堵塞隘口，我不可随顺敌意去攻；如敌尚未全部占领隘口，则应全力进攻。从，顺随。 ⑫险形者，我先居之，必居高阳以待敌：在险阻之地，我当抢先占据地高向阳之处，争取主动，以待敌军。 ⑬势均：势均力敌。 ⑭挑战：挑动敌人出战。 ⑮地之道也：指上述六者乃将帅指挥作战时利用地形之原则。 ⑯将之至任：将帅的至关重要的责任。

【今译】

孙子说：地形有"通"、有"挂"、有"支"、有"隘"、有"险"、有"远"六种情况。我军可以去，敌军也可以来的地形叫做"通"地；在通地作战，应先占领向阳的高地，有利于粮道的通畅，这样来作战就有利。可以前进，难以后退的地形叫做挂地。在挂地作战，敌人没有准备，我军攻击就可获胜；若敌人有所准备，出击又不能取胜，加之难以返回，就很不利了。我军出兵条件不利，敌人出兵也不利，这种地形叫支地。在支形地上，敌人即使以小利诱惑我，也不能出击；而应该首先率军撤退，等到敌人出击一半时进行反攻，可获得胜利。在两山间有狭窄通谷的隘形地作战，如果我先占领，一定要部署重兵来等待敌人；若敌人先占据隘口，

并且重兵把守，就不要去攻打；如果敌人只占据了隘口的一部分，并未全部部兵，那么我们就迅速攻取它。在险形地上作战，如果我先占据此地，一定选择高阳之处来等待敌人；如果敌人先占据此地，我就率军离去，不要仰攻敌人。在远形地作战，双方形势均等，不宜挑战，如果勉强求战就将对我方不利。以上六个方面，是利用地形的原则，掌握这些原则，是将帅至关重要的责任，不能不认真地加以研究。

【释义】

本章介绍了六种地形以及具体的对策。通地便于往来，要占领高地，保持粮道畅通；挂地易进难退，要乘敌不备一举歼灭，否则就很难回来；支地进退两难，可以诱敌进攻，然后再打；隘地出口很窄，如果先占领就封死隘口，如果敌人占领而没有封死，就可以攻打；险地高下悬殊，要利用地形优势攻打敌人，如果敌人已经占领，就不可迎敌。远地距离遥远，不要主动出战。孙子认为，这是为将者至关重要的责任，可见其对"知地"、"因地"重要性的强调。

地 之 道

【原文】

孙子曰：凡地之道，阳为表，阴为里①，直者为纲，术②者为纪。纪纲则得，阵乃不惑。直者毛产③，术者半死。凡战地也，日其精也，八风④将来，必勿忘也。绝水⑤、迎陵⑥、逆流⑦、居杀地⑧、迎众树⑨者，钧举也，五者皆不胜。南阵之山，生山也。东阵之山，死山也。东注之水，生水也。北注之水，死水。不流，死水也。

五地之胜⑩曰：山胜陵，陵胜阜，阜胜陈丘，陈丘胜林平地。五草之胜曰：藩、棘、椐、茅、莎。五壤之胜：青胜黄，黄胜黑，黑胜赤，赤胜白，白胜青。五地之败⑪曰：谿、川、泽、斥。五地之杀⑫曰：天井、天宛、天离、天隙、天柖⑬。五墓⑭，杀地也，勿居也，勿口也。春毋降，秋毋登。军与阵皆毋政前右，右周毋左周⑮。

——孙膑兵法·地葆

注解

①阳：指高亢明敞的地形。阴：指低洼幽暗的地形。　②术：错综复杂的小道。　③毛产：毛和产都有生长的意思，与下文

第五单元 知天知地

"半死"相对。 ④八风：八方之风。古人认为风的方向、大小、疾徐都与战争胜负相关。 ⑤绝水：渡水。 ⑥迎陵：面向高陵。 ⑦逆流：军阵处于河流下游。 ⑧杀地：极不利的地形。 ⑨迎众树：面向树林。 ⑩五地之胜：五种地形的优劣。 ⑪五地之败：五种败地。 ⑫五地之杀：五种杀地。 ⑬天井、天宛、天离、天隙、天柖(sháo)：天井，指四边高中间低洼之地。天宛，指四面险阻，难以逃脱之地；天离，指草木茂密如罗网之地。天隙，指两侧峭壁松脂，中间峡谷深沟的地形。天柖，道路泥泞，人马不通的地方。 ⑭五墓：疑即指天井、天宛等五种杀地。 ⑮右周毋左周：在山陵高低应该把右侧而不是把左侧作为保障。周：周匝环绕。

【今译】

孙膑说："就地形的一般状况而言，向阳的地方是表，背阴的地方是里，大路为纲，小路为纪。掌握了大小道路的分布状况，布阵用兵就不会困惑了。大路畅通的地区作战能够存活，而小路难行的地区作战会陷入危险。凡是用于作战的地方，日照的条件都很重要，对于四面八方风向的变化，千万不能忘记观察了解。渡河涉水，向山陵进发，处在河流下游，在死地扎营驻守，面向树林，在这五种情况下，都容易招致失败。适于南面布阵的山是生山。适于东面布阵的山是死山。向东流的水是生水，向北流的水是死水，不流动的水也是死水。

就五种地形的情况为：山地胜过丘陵，丘陵胜过土山，土山胜过小土丘，小土丘又胜过有树林的平地。五种草的优劣依次是：知母草、荆棘、灵寿木、茅草、莎草。五种土壤的相克比较是：青土胜过黄土，黄土胜过黑土，黑土胜过红土，红土胜过白土，白土又胜过青土。五种可能导致作战失败的地形是：山溪、河流、沼泽、盐碱地……五种可能导致全军覆没的地形是：似天井般四周封闭的洼地，四周是高山、易进难出的地方，草木丛生有罗网的地方，两面高山夹峙的狭窄山沟，沼泽地区。这五种地形犹如军队的坟墓一般，都是凶多吉少的'杀地'，不能在这里驻扎……春天不能在低洼地扎营，秋天不能在高处扎营。驻军和布阵时，都不要改变右前方的有利地形，要选择右翼有丘陵或高地作屏障，而不要左翼有屏障。"

【释义】

本章孙膑集中谈论地形与军队驻扎的问题。行军作战懂得地理，可以因敌制胜。孙膑认为面南背北，地势最好，处地要与八风的位置相配，也就是知天。他又指出了五种容易招致失败的处地，包括与水流的方向交叉，从山下攻打山上，面对水流的方向，处于不利的地形，背对树木等。比较了五地、五草的优劣、五土的相克，罗列了五种导致失败的地形与五种会全军覆没的地形。事物相生相克，这体现了古人朴素的思维方式。孙膑的这些告诫都源自丰富的实战经验与细致的战地考察,与《孙子兵法》相比,更为具体细致,有很强的可操作性。

用兵九地

【原文】

孙子曰:用兵之法,有散地,有轻地,有争地,有交地,有衢地,有重地,有圮地,有围地,有死地。诸侯自战其地,为散地①。入人之地而不深者,为轻地②。我得则利,彼得亦利者,为争地③。我可以往,彼可以来者,为交地④。诸侯之地三属⑤,先至而得天下之众者,为衢地⑥。入人之地深,背城邑多者,为重地⑦。行山林、险阻、沮泽,凡难行之道者,为圮地⑧。所由入者隘⑨,所从归者迂⑩,彼寡可以击吾之众者,为围地。疾战⑪则存,不疾战则亡者,为死地。是故散地则无战⑫,轻地则无止⑬,争地则无攻,交地则无绝⑭,衢地则合交⑮,重地则掠⑯,圮地则行,围地则谋,死地则战。

——孙子兵法·九地篇第十一

【注解】

①散地：自己的领土。　②轻地：进入敌境不深的地方。　③争地：谁先占领谁就有利的地方。　④交地：道路四通八达的地方。　⑤三属：三国交界的地方，指敌我和其他邻国接连的地方。　⑥衢(qú)地：与多国接壤、四通八达的地方。　⑦重地：深入敌境较深，而且背后有很多城邑的地方。　⑧氾(sì)地：有山林、险阻、沮泽的地方。　⑨死地：不速求生则会被消灭的地方。　⑩隘：狭窄。　⑪迂：迂回曲折。　⑫疾战：拼死作战。　⑬无战：不宜作战。　⑭无止：不宜停留。止，停留。　⑮无绝：不要隔绝队伍、断绝联络。　⑯合交：指结交邻国，搞好关系。　⑰重地则掠：在重地作战要掠夺敌粮草来补给自己的军队。掠，掠夺。

【今译】

孙子说：根据用兵的原则，战地有散地、有轻地、有争地、有交地、有衢地、有重地、有氾地、有围地、有死地。诸侯在自己境内打仗的地方叫散地，进入敌人国境不深的地方叫轻地。我军占领有利，敌军占领也有利的地区，叫做争地。我军可以前往，敌军可以前来的地区，叫交地。诸侯的国土与多国相毗邻，先得到者便可以取得天下支援的，是衢地。进入敌境较深且背后有许多城邑的地方，叫重地。山林、险要、沼泽等难于通行的地方，称为氾地。进入的道路狭隘，退回的道路迂曲，敌军用少数兵力

第五单元 知天知地

就可以击败我方军队的，是围地。拼死奋战即可生存，不拼死奋战就会灭亡的是死地。因此，在散地不宜交战，在轻地不要停留，在争地不要冒然进攻，在交地行军不要断绝联络，在衢地应结交诸侯，在重地要掠取粮草，遇到汜地要迅速通过，陷入围地就要运用谋略，到了死地就要殊死奋战。

【释义】

　　本章介绍了九地以及利用九地的方法。散地是主场作战，士兵心散，不宜交战；轻地是客场，士兵用心不专，不可停留；争地为军事要地，但如果被敌占领则不可强攻；交地是两国交界，部队不能脱节；衢地是多国交界，要利用外交关系；重地是敌国腹地，可以通过掠夺获得补给；汜地低湿难行，要赶紧离开；围地受困于地形，要用计谋逃脱；死地无路可退，只能拼死一战。与上章的六种地形比较，本章的九地的分类不仅包括了地理特征，也包括地点所处的战略意义与战争环境。

九变五利

【原文】

圮地无舍①，衢地合交②，绝地无留③，围地④则谋，死地⑤则战。途有所不由⑥，军有所不击，城有所不攻，地有所不争，君命有所不受。故将通于九变之地利者，知用兵矣⑦；将不通于九变之利者，虽知地形，不能得地之利矣；治兵不知九变之术，虽知五利⑧，不能得人之用⑨矣。

——孙子兵法·九变篇第八

注解

①圮(pǐ)地无舍：军队在低洼的地方不要驻扎。圮地，低洼之地。无，通"毋"，表示禁止。　②衢(qú)地合交：在四通八达的地区作战要注意结成巩固的联盟。衢地，四通八达之地。　③绝地无留：在道路不通，又无粮食水草的地方切勿停留。绝地，极为险恶，毫无退路的境地。　④围地：容易被包围的地方。　⑤死地：不经死战难以生还的地方。　⑥途有所不由：按正常情况该走的道路不走，而另选迂回的、困难较多的但不被敌人注意的道路行进。途，道路。由，经过，通过。　⑦将通于九变之地利者，知用兵矣：将帅若能通晓各种机变的利用，就懂得

如何作战。　⑧五利：指"途有所不由，军有所不击，城有所不攻，地有所不争，君命有所不受"的五条好处。　⑨得人之用：这里指充分发挥军队的战斗力。

【今译】

出征时在低洼的地方不要驻扎，在四通八达的地方要结交诸侯，在无法生存的地方不可停留，在易被敌人包围的地方要运用谋略，陷入死地时要殊死奋战。有的道路不宜通过，有的敌军可以不去攻击，有的城邑可以不攻打，有的地盘可以不争夺，国君的命令有的可以不听从。所以将领能够通晓灵活机变的战术，就是懂得用兵打仗了。将领不通晓灵活机变的好处，即使了解地形，也不能获得地形带来的好处。带兵而不知道运用灵活多变的方法，即使知道"五利"，也不能充分发挥士兵的战斗力。

【释义】

为将者究竟怎样才算"知兵"？在孙子看来，除了熟悉地形掌握地利之外，学会审时度势，随机应变是关键。对于不同地域采取不同的策略和措施，本章提出了五个"有所不"，这就是变通之要。不"由途"、不"击军"、不"攻城"、不"争地"看似是一种消极的放弃，实则是一种进取的智慧，而第五点"君命有所不受"

更是为后人所熟知,我们常说"将在外,君命有所不受",因为古代信件消息的传递非常艰难,国君很难及时了解前线战争的形势与变化,这时候便需要为将者全权定夺,这是非常重要的变通之法。的确,战场变化之多之快,难以估计,这也是孙子称其为"九变"的原因吧。

九地之变

【原文】

凡为客①之道:深则专,浅则散②。去国越境而师③者,绝地也;四达者,衢地也;入深者,重地也;入浅者,轻地也;背固前隘④者,围地也;无所往者,死地也。是故散地,吾将一其志⑤;轻地,吾将使之属⑥;争地,吾将趋其后⑦;交地,吾将谨其守;衢地,吾将固其结⑧;重地,吾将继其食;泛地,吾将进其塗⑨;围地,吾将塞其阙⑩;死地,吾将示之以不活。故兵之情:围则御,不得已则斗,过则从⑪。

——孙子兵法·九地篇第十一

第五单元 知天知地

注解

①客：指离开本土进入他国作战的军队。　②深则专，浅则散：深入敌境则军心统一，浅入敌境则军心涣散。　③师：打仗。　④背固前隘：背后险固，前路狭隘。　⑤一其志：统一士卒的意志。　⑥属：联属，连续。因为进入敌国的境地不够深入，所以士卒的心思未能专一，所以将领应该使士卒的心思统一。　⑦趋其后：在背后攻击敌人。　⑧固其结：巩固与诸侯的结盟。　⑨进其塗(tú)：占据通道。塗，通"途"，道路。　⑩塞其阙(quē)：堵塞缺口。阙，通"缺"，缺口。　⑪过则从：深入困境太深就会言听计从。

【今译】

大凡进入敌国作战的规律是：进入敌境越深，军心就愈是稳固；进入敌国腹地越浅，军心就容易懈怠涣散。离开本土穿越边境去敌国作战的称为绝地；四通八达的战地为衢地；进入敌境纵深的地方叫重地；进入敌境较浅的地方就是轻地；背靠险阻前有隘口的地方叫围地；无路可走的地方叫死地。因此，在散地上，要统一全军意志；在轻地上，要使营阵紧密相联；在争地上，要迅速赶到敌人的后头；在交地上，就要谨慎防守；在衢地上，就要巩固与邻国的联盟；入重地，就要补充军粮；在泛地，就要迅速通过；陷入围地，就要堵塞缺口；到了死地，就要显示出决一死战的决心。所以，作战的情况是：被包围就合力抵御，不得已时就会殊死奋战，深陷危境就会听从指挥。

【释义】

与上章相比,绝地是新增加的,表示与后方隔绝的地方。其他几种地形基本相同。我们从中可以看到孙子的主张,要把士兵逼到绝境,逼到远离本土的战场开展战争,故而绝地比散地好,重地比轻地好。陷入极其危险的境地,士兵自然会听从命令,爆发出最强的战斗力。孙子所强调的"知地",其根本目的是要调动人力的潜能,发挥人力的优势。

处军之地

【原文】

孙子曰:凡处军①、相敌②:绝山依谷③,视生处高④,战隆无登⑤,此处山之军也。绝水必远水⑥;客⑦绝水而来,勿迎之于水内,令半济而击之⑧,利;欲战者,无附于水而迎客⑨;视生处高,无迎水流⑩,此处水上之军也。绝斥泽⑪,惟亟去无留⑫;若交军

第五单元 知天知地

于斥泽之中,必依水草,而背众树⑬,此处斥泽之军也。平陆处易⑭,而右背高,前死后生⑮,此处平陆之军也。凡此四军之利⑯,黄帝之所以胜四帝⑰也。

凡军好高而恶下⑱,贵阳而贱阴⑲,养生而处实⑳。军无百疾,是谓必胜。丘陵堤防,必处其阳,而右背之㉑。此兵之利,地之助㉒也。上雨,水沫至㉓,欲涉者,待其定也。凡地有绝涧、天井、天牢、天罗、天陷、天隙㉔,必亟去之,勿近也。吾远之,敌近之;吾迎之,敌背之。军旁有险阻、潢井、葭苇、山林、蘙荟者㉕,必谨复索之㉖,此伏奸之所处也。

——孙子兵法·行军篇第九

注解

①处军:军队行军、战斗、驻扎的处置方法。　②相敌:观察、判断敌情。　③绝山依谷:通过山地时要靠近山谷。绝,穿越山地或其他地形。依,靠近。　④视生处高:向阳,处在高处。生,指"生地",向阳开阔的地方。处,居。　⑤战隆无登:与占据高地的敌人作战时,不要仰攻。隆,高地。登,攀登。　⑥绝水必远水:横渡江河后一定要在离河流稍远的地方驻扎。绝水,横渡江水。　⑦客:指作战双方的对方。　⑧令半济而击之:乘敌人尚未全部渡过河时进攻他们。半济,正在渡水。　⑨无附于水而迎客:不要靠近水边迎敌。无,通"毋"。附,靠近。　⑩无迎水流:不要面迎水流。　⑪斥泽:盐碱地和沼泽地。　⑫亟去无(wù)留:迅速离开,不要滞留。亟,急速,赶快。

⑬必依水草而背众树：必须傍水草背靠大树林而扎营。
⑭平陆易处：在平原地带要选择平坦的地方扎营。易，平坦。
⑮前死后生：地势前低后高。低地为死地，高地为生地。
⑯四军之利：处山、处水、处斥泽、处平陆等四种处军原则的好处。　⑰四帝：指上古时期四方氏族部落首领。　⑱凡军好高而恶下：驻军喜好高处而厌恶低处。　⑲贵阳而贱阴：以左前向阳的地方为贵，以右背背阴的地方为贱。贵，重视。贱，轻视。　⑳养生而处实：驻扎在接近水草、地势较高的地方。养生，占据水草之利。处实，依托高地而处。　㉑右背之：以西、北方向的丘陵、堤防为依托。　㉒地之助：得到地形的辅助。
㉓上雨，水沫至：上游下雨，洪水突然流至。　㉔绝涧、天井、天牢、天罗、天陷、天隙：两山险峻，水流其间的地方为绝涧；四周高峻，中间低洼，形若深井的地方为天井；三面绝壁，易进难出的地方为天牢；草木蒙密，形若网罗，进出两难的地方为天罗；地势低洼，沼泽连绵，泥泞易陷的地方为天陷；地势狭窄如缝的地方为天隙。　㉕险阻、潢(huáng)井、葭苇、山林、翳(yì)荟：潢井，指内涝积水，地势洼陷的地方。葭苇，芦苇，这里指长满芦苇的地方。山林、翳荟，指草木长得很茂盛的山林地带。
㉖必谨复索之：必须仔细、谨慎地搜索它。

【今译】

孙子说：凡是部署军队和判断敌情，穿越山地时要靠近有水草的溪谷，驻扎在居高向阳的地方，敌人已经占领高地时，不要仰攻，这是在山地上部署军队的原则。横渡江河后一定要在离水

第五单元 知天知地

流稍远的地方驻扎，敌人渡水而来，不要在水边迎战，下令在敌人渡河渡到一半的时候攻击，这样才有利；想与敌人交战，不要靠近水边而迎敌；也要居高向阳，不要面迎水流，这是在江河地带部署军队的原则。穿越盐碱沼泽地带，一定要迅速通过，切勿停留；如果在盐碱沼泽之地与敌遭遇，一定要依傍水草而背靠树木，这是在盐碱沼泽地带部署军队的原则。在平原旷野要驻扎在平坦地面，右边依托高地，前低后高，这是在平原地区部署军队的原则。以上四种处军的好处，就是黄帝战胜其他四帝的原因。

  大凡驻军总是喜欢干燥的高地，避开潮湿的洼地，重视向阳处而避开阴暗之处；靠近生长水草的地方，驻扎在干燥的地势较高的地方，士兵就不容易发生任何疾病，这才有了胜利的保证。在丘陵堤防处，一定要占领向阳的一面，并且背靠高地。这是用兵的有利条件，是地形给予的辅助。上游下雨，洪水突至，若想涉水过河，一定等水势平稳以后再渡河。凡地形中有"绝涧"、"天井"、"天牢"、"天罗"、"天陷"、"天隙"等情况，一走要迅速离开，不要接近。我方远离它，让敌方接近它；我方面对着它，敌方背对着它。军队行进中，遇到艰难险阻之处，长满芦苇的低洼地，草木茂密的山林地，必须谨慎地搜索，这些都是敌人埋设伏兵、隐藏间谍的地方。

【释义】

本章主要介绍了"处军"之地,也就是军队宿营驻扎的地方。第一段具体分"山"、"水"、"斥泽"、"平陆"四种地形分析。山地驻军要占据制高点,渡河战要远离水边,宋襄公当年坚持君子风度,不攻击渡水渡到一半的敌人,错失了良机。孙子兵法核心是求全胜,当然不会如此。在盐碱沼泽地要依傍水草背靠树木,在平地要依托高地,纵观这四种地形利用,都以"视生处高"为共性。

第二段又强调"处高阳"的重要性,古代山南水北为阴,山北水南为阳。有六种危险的地形千万要远离,有五个地方行军要小心伏兵和间谍。

雄城与牝城

【原文】

城在溴泽①之中,无亢山名谷②,而有付丘③于其四方者,雄城也,不可攻也。军食流水,生水也,不可攻也。城前名谷,背

第五单元 知天知地

亢山,雄城也,不可攻也。城中高外下者,雄城也,不可攻也。城中有付丘者,雄城也,不可攻也。营军趣舍,毋回名水,伤气弱志④,可击也。城背名谷,无亢山其左右,虚城也,可击也。□尽烧[5]者,死壤也,可击也。军食泛水[6]者,死水也,可击也。城在发泽[7]中,无名谷付丘者,牝城[8]也,可击也。城在亢山间,无名谷付丘者,牝城也,可击也。城前亢山,背名谷,前高后下者,牝城也,可击也。

——孙膑兵法·雄牝城

注解

①淠(pài)泽:小泽。　②亢山名谷:高山深谷。亢,高。名,大。
③付丘:负丘,两层的丘。　④营军趣舍,毋回名水,伤气弱志:行军安营不要绕着大河走,否则会沮丧士气。营军,安营。趣舍,行军。回,环绕。名水,指大江大河。伤气,损伤士气。　⑤烧:同"硗(qiāo)",坚硬贫瘠的土地。　⑥泛水:积水,与流水相对。　⑦发泽:大泽。发,同"沛"。　⑧牝(pìn):雌。

【今译】

城池建在小片沼泽地带,虽然没有高山深谷,但是有连绵不断的丘陵环绕于城池四周,这种城池叫雄城,不可以攻打。敌军饮用流水,水源充足,不要攻打。城池前临深谷,背靠高山,是雄城,不可以攻打。城内地势高,城外地势低的城池是雄城,不可以攻打。城内有连绵不断丘陵的城池是雄城，不可以攻打。军队驻扎的营地四周，没有大河环绕作为屏障，军队士气受挫，斗志低落，对这样的军队可以攻击。城池背临深谷，其左右两面又没有高山，这是虚弱的城池，可以攻击……十分贫瘠的地方，是没有生命力的地区，可以攻击。军队饮用的是不流通的小沟渠的水，是死水，可以攻击。城池建在大片的沼泽地带，又没有深谷和连绵不断的丘陵作屏障，这种城池叫做牝城，可以攻击。城池前有高山，背临深谷，前高后低，是牝城，可以攻击。

【释义】

本章主要论述难攻的雄城和易攻的牝城在地形上的特点。判断雄城与牝城的标准包括城池所处的地形，城池周围的地理特征，城内外的地势、城内军队的饮水方式等。我军可以通过观察敌军城池是雄城还是牝城来决定攻城与否，以最小的代价获得最大的收获。当然，决定战争胜负更重要的还有人的因素，人地相得才是最理想的境界。故而不能把孙膑之言看做教条，盲目照搬。

第五单元　知天知地

知战之地，知战之日

【原文】

故知战之地，知战之日，则可千里而会战。不知战地，不知战日，则左不能救右，右不能救左，前不能救后，后不能救前，而况远者数十里，近者数里乎？

——孙子兵法·虚实篇第六

【今译】

知道作战的地点，预知交战的时间，那么即使相距千里也可以同敌人交战。不能预知在什么地方打仗，在什么时间作战，那就左翼不能救右翼，右翼也不能救左翼，前面不能救后面，后面也不能救前面，何况军队远者相隔几十里，近者相隔几里的呢？

【释义】

《孙子》一书中很少将"知天知地"并举，本章则充分论述了它的好处。孙子曾警告千里军争的危害，但是如果己方能对战争的时机和地势进行充分的掌握和利用，那么这仍然可以获得战争的先机，敌人地利的优势也会被消解。

抚时而战

【原文】

孙子曰：间于天地之间①，莫贵于人。战□□□不单。天时、地利、人和，三者不得，虽胜有殃②。是以必付与而□战，不得已而后战。故抚时③而战，不复使其众。无方而战者小胜以付厤④者也。孙子曰：十战而六胜，以星也。十战而七胜，以日者也。十战而八胜，以月者也。十战而九胜，月有……十战而十胜，将善而生过⑤者也。

——孙膑兵法·月战

【注解】

①间于天地之间：介于天地之间。　②殃：咎，灾祸。
③抚时：按时。　④厤(lì)：同"历"，历数，指与军事有关的占术。
⑤过：同"祸"，灾祸。

【今译】

孙膑说，"天地之间没有比人更宝贵的了……天时、地利、人和三项条件缺了任何一项，即使能暂时取得胜利，也必定留下后患。所以必须三项条件齐备才能作战，不得已的情况下才作战。所以

能够把握时机出战,不必反复用兵。没有计划就去作战,却又能取得小胜利,那是由于天时符合。孙膑说:"打十仗能取得六次胜利,那是掌握了星辰变化的规律。打十仗能取胜七次,那是掌握了太阳运行的规律。打十仗能取胜八次,那是掌握了月亮运行的规律。打十仗能取胜九次,那是……打十仗而能取胜十次,那则是将领善于用兵,但是过了头也会产生灾祸。

【释义】

孙膑认为天地人三才并重,三者相辅相成,可以取得战争的全胜。但天地之间"莫贵于人",他特别重视人的作用,坚持"以人为贵"的用兵与治军原则。

本章主要谈"知天",也就是根据天时把握战机。根据孙膑的说法,掌握月亮运行规律非常重要,其次是太阳运行规律,其次是星辰变化规律。古人认为月主阴,象征刑杀,所以用兵宜在月盛之时。从中也可以看到发现、顺应、掌握和利用规律的重要性。

第六单元

因敌制胜

　　在事先准备、掌握主客观情况与环境因素之后，能否在战争实施中获得胜利呢？

　　不一定。因为战场瞬息万变，而变化的最大因素便是敌人。故而决定战争胜利与否不在自己，而在于对手。于是，孙子提出了获胜的不二法门：因敌制胜。

　　"因敌制胜"，一般可以解释为根据敌情变化，制定不同的战略，以获得战争的胜利。孙子所说的大部分内容也符合这个意思。在战争中要隐藏自己的实力与动机，甚至以假象迷惑敌人，调动敌人，形成优势，占得先机，增加获胜的把握。这主要依靠军队行动的隐蔽性与突然性。

　　此外，我们从第五单元了解到在敌国作战要优于在本国作战，故而粮草等军需补给是必须解决的重要问题。孙子认为物资可以从敌国抢掠，兵员也可以从敌国俘虏，此时，"因敌制胜"的"因"还可以解释为"凭借"的意思。

　　"因地制胜"最能体现兵家高人一等的智慧与谋略，《孙膑兵法》中也有多处提到了具体的方法，或用比喻形象说理，或用对比反复强调，或用实战事例具体说明。

第六单元　因敌制胜

深入则专

【原文】

凡为客之道①：深入则专②，主人不克③；掠于饶野④，三军足食；谨养而勿劳⑤，并气积力⑥，运兵计谋，为不可测⑦。

——孙子兵法·九地篇第十一

注解

①为客之道：深入敌境作战部队的用兵规律。客，进入敌国作战的部队。　②深入则专：深入敌境，则军心一致。　③主人不克：在本土作战的军队，无法战胜前来作战的军队。　④饶野：富饶的山村。　⑤谨养而勿劳：小心保养休整，勿使疲劳。　⑥并气积力：鼓舞士气，积蓄力量。并，合并，这里指鼓励。　⑦为不可测：使敌人无法做出正确的判断。

【今译】

大凡进入敌国作战的原则是:越深入敌境,军心士气越一致,敌人越不能战胜我军;在富饶的山村里掠取粮草,全军就有足够的给养;谨慎休养战士,勿使疲劳,增强士气,养精蓄锐;部署兵力,运用计谋,使敌人无法判断我军意图。

【释义】

本章介绍到敌国作战的方法。孙子多次提到,深入敌国作战比在本土作战更有利,军队也更有士气和战斗力,而补给则通过掠夺敌人的粮食。此外,还要运用谋略,让敌人意想不到。

取用于国,因粮于敌

【原文】

善用兵者,役不再籍①,粮不三载②,取用于国,因③粮于敌,故军食可足也。

国之贫于师④者远输⑤,远输则百姓贫。近于师者贵卖⑥,贵

善用兵者，役不再籍，粮不三载，取用于国，因粮于敌，故军食可足也。

卖则白姓财竭，财竭则急于丘役⁷。力屈、财殚，中原⁸内虚于家。百姓之费，十去其七；公家之费，破车罢马⁹，甲胄矢弩，戟楯蔽橹⑩，丘牛大车⑪，十去其六。

故智将务食于敌⑫，食敌一钟⑬，当吾二十钟；秆⑭一石，当吾二十石。

故杀敌者，怒⑮也；取敌之利者，货⑯也。故车战，得车十乘已上，赏其先得者，而更⑰其旌旗，车杂⑱而乘之，卒善而养之，是谓胜敌而益强。

——孙子兵法·作战篇第二

注解

①役不再籍：不再三从国内征兵。籍，指户籍。　②粮不三载：不再三从国内征调粮食。载，运输。　③因：依靠。　④贫于师：因战争运输财物而耽误衣食，造成国家与百姓贫困。　⑤远输：远道运输。　⑥近于师者贵卖：靠近军队驻扎的地方物价上涨。　⑦财竭则急于丘役：国家财力枯竭，急于加重赋税。丘役，指军赋。　⑧中原：这里指国内。　⑨破车罢马：战车破损，马匹疲病。罢，同"疲"。　⑩甲胄矢弩，戟楯(dùn)蔽橹(lǔ)：泛指各种作战攻防武器。楯，同"盾"。蔽橹，指大盾牌。　⑪大车：指辎重车辆。　⑫务：追求，谋求。　⑬钟：古代容量单位，六十四斗为一钟。　⑭秆(gǎn)：指喂牛马的草料。　⑮怒：指激起士兵对敌人的愤怒。　⑯货：财货。这里指用来奖赏激励士兵的财物。　⑰更：更换。　⑱杂：混合，掺杂。

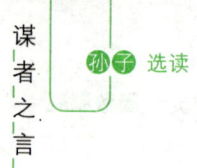

【今译】

善于用兵打仗的人,不再三从国内征兵,不再三从国内征调粮食,武器装备在国内准备充足,从敌人那里夺取粮食,这样,军队的军粮就能满足了。

国家由于作战而造成贫困的原因是长途运输。长途转运军需,百姓就会贫困。临近驻军的地方物价必然飞涨,物价飞涨就会使百姓的财政枯竭。国家因财政枯竭就会加重赋税和劳役。军力衰弱,财政枯竭。国内百姓穷困潦倒,百姓的资财损耗了十分之七。公家的财产,也因为车辆的损耗、战马的疲惫以及盔甲、箭弩、戟盾、矛橹的制作补充及辎重大车的征用,而损失了十分之六。

所以,高明的指挥员务求在敌国内解决粮草供应问题。从敌国搞到一钟的粮食,等于自己从本国运出二十钟;夺取当地敌人饲草一石,相当于自己从本国运出二十石。

因此,要使战士勇于杀敌,就要激励士兵对敌军的愤怒之情。要使士兵用于夺取敌人的军需物资,就必须用财物奖励。因此在车战时,凡缴获战车十辆以上的,奖赏最先夺得战车的士卒。而夺得的战车要立马换上我军的旗帜,将其混合编入自己的车阵之中;对于敌人的俘虏,要给予优待、抚慰和使用他们。这就是所谓战胜敌人而使自己日益强大的法则。

第六单元　因敌制胜

【释义】

战争对军需包括粮草、马匹、兵器等耗费巨大，第一单元"用兵之害"中早已指出。孙子认为，善于战争的人不第二次征发运输粮草和兵员，补给从敌方获得。削减敌方的战争资源，也就是增加自己的获胜砝码。除了抢夺粮草之外，还要收纳敌方的士卒，补充自己的兵员。孙子曾经指出，战争的最高目的不是消灭有生的敌人，而是"全军为上"，也就是获得"全胜"。

夺爱则听

【原文】

所谓古之善用兵者，能使敌人前后不相及①，众寡不相恃②，贵贱③不相救，上下不相收④，卒离而不集，兵合而不齐。

合于利而动，不合于利而止。敢问：敌众整而将来，待之若何？曰：先夺其所爱⑤，则听⑥矣。兵之情主速⑦，乘人之不及，由不虞⑧之道，攻其所不戒也。

——孙子兵法·九地篇第十一

注解

①相及：相互照顾。及，顾及。　②众寡不相恃：大部队与小部队不能协同依靠。恃，依靠。　③贵贱：身份尊贵的和身份低贱的，这里指官与兵。　④不相收：不相统属，不能收聚。收，聚集，收拢，统属。　⑤夺其所爱：剥夺敌人所爱惜依恃的有利条件。　⑥听：使敌人顺从我的意愿。　⑦兵之情主速：用兵的道理以神速为上。情，情理。　⑧不虞：所意想不到的。

【今译】

所谓古时善于指挥作战的人，能使敌人前后部队不能相互顾及，主力与小部队不能相互依靠，官兵和士卒之间不能相互救援，上下级无法相互统属，士兵分散后不能集中，兵力即使集中了，阵形也不整齐。

对我有利时就立即行动，对我无利时就停止行动。或许有人问："敌人人数众多、阵势严整地向我开来，用什么办法对待？"回答是："剥夺敌人所爱惜和依恃的有利条件，就能使它陷于被动了。"用兵的道理，贵在神速，乘敌人措手不及，走敌人意料不到的道路，攻击敌人没有戒备的地方。

【释义】

如何在待敌阶段获得优势，孙子提出"先夺其所爱"，即抢夺敌人所凭借的有利条件，这样便可以使原本整饬统一的敌军陷入混乱离散中，这就要坚持兵贵神速，做到出其不意。

四要八忌

【原文】

三军可夺气①，将军可夺心②。是故朝气锐，昼气惰，暮气归③。故善用兵者，避其锐气，击其惰归④，此治气者也。以治待乱，以静待哗⑤，此治心⑥者也。以近待远，以佚（通"逸"）待劳，以饱待饥，此治力者也。无邀正正之旗⑦，勿击堂堂之陈⑧，此治变⑨者也。

故用兵之法，高陵勿向⑩，背丘勿逆⑪，佯北勿从⑫，锐卒勿攻，饵兵勿食⑬，归师勿遏⑭，围师必阙⑮，穷寇勿迫，此用兵之法也。

——孙子兵法·军争篇第七

注解

①三军可夺气：军队的刚锐旺盛之气可以挫伤、动摇。夺，剥夺，这里指打击、动摇。　②夺心：动摇决心。　③朝气锐，昼气惰，暮气归：早晨士气饱满、锐不可当。白天士气就低落。傍晚士气就衰竭。归，这里指士气衰竭。　④避其锐气，击其惰归：避开敌初来时的锐气，等待敌人士气衰懈再进行打击。　⑤以治待乱，以静待哗：以严整对付混乱的敌人，以镇静对付轻躁的敌人。　⑥治心：从心理上制伏、战胜敌人。　⑦无邀正正之旗：不要去迎击旗帜整齐、部伍统一的军队。　⑧勿击堂堂之陈：不要去迎击阵容整肃、士气饱满的军队。陈，同"阵"，指阵容、阵势。　⑨治变：以权变应付敌人。　⑩高陵勿向：对占领高地的军队不要仰攻。向，指从下向上仰攻。　⑪背丘勿逆：对背靠丘陵的敌人不要正面迎击。背，背靠，背依。逆，正面进攻。　⑫佯北勿从：对假装败退的敌人不要跟踪追击。北，败北。　⑬饵兵勿食：对敌人的诱兵不要去消灭他。　⑭归师勿遏(è)：对退却的敌军不要去拦截。遏，阻止、截击。　⑮围师必阙：包围敌人时一定要留有缺口。阙，通"缺"，空缺。

【今译】

对于敌人的军队，可以使其士气动摇；对于敌人的将领，可以使其决心动摇。所以初战时士气锐不可当；过了一段时间后士气就会低落；战至后期，士气就消亡了。所以，善于用兵的人，总是避开敌人的锐气，攻击士气低落的敌人，这是掌握军队士气

第六单元　因敌制胜

的方法。用严整来对待敌人的混乱，用沉着冷静来对付浮躁喧乱的部队，这就是从心理上制伏并战胜敌人的办法。用靠近战场的部队等待远途来奔的敌军，用休整良好的部队等待疲劳困顿的敌军，用粮足食饱的部队对付饥饿的部队，这就是从体力上制伏并战胜敌人的办法。不要去拦击旗帜整齐、部署周密的敌人，不要去攻击阵容堂皇的敌人，这是以权变对付敌人的办法。

所以，用兵的原则是：不要去仰攻占据高地的敌人，不要去迎击背靠山丘的敌人，不可跟踪追赶假装败退的敌人，不要去进攻精锐的敌军，不要去吃掉充当诱饵的小部队，不要去拦截回撤的敌人，包围敌人要虚留缺口，敌军已陷入绝境，不可逼迫太甚。这些都是用兵的法则。

【释义】

"治兵四要"，包括士气、心理、体力和权变。士气很重要，曹刿论战提出"一鼓作气，再而衰，三而竭"，作战便要抓住"彼竭我盈"的时机。在心理上制服敌人，也就是以严整沉稳应对敌军的混乱喧哗。以逸待劳是讲体力上要占据优势，这是在精神力量之外的保障。而善于权变更是孙子一贯提倡的，也就是根据敌军的不同状况采用不同策略。

本章第二段提出了八条禁忌。前两条有关地形，在上一单元我们知道行军的优势地形是居高临下。后六条是针对不同敌人的表现采取不同的用兵策略，敌人诈败、引诱不能上当，不要与敌军精锐部队交锋，敌人撤回时不要阻遏，包围敌人要留下缺口，敌人败逃则不能逼迫太紧。其中后三条可以鲜明看出孙子在军事谋略中的辩证思想。

杂于利害

【原文】

是故智者之虑①，必杂于利害②。杂于利，而务可信③也；杂于害，而患可解也④。

是故屈⑤诸侯者以害⑥，役诸侯者以业⑦，趋诸侯者以利⑧。

故用兵之法，无恃⑨其不来，恃吾有以待也；无恃其不攻，恃吾有所不可攻也。

——孙子兵法·九变篇第八

第六单元 因敌制胜

注解

①智者之虑：聪明的将帅思考的问题。智者，指明智的将帅。虑，思考、思索。　②杂于利害：充分兼顾到利与害两个方面。　③务可信：顺利地完成战斗任务。务，战斗任务。信，通"伸"，伸张，这里是顺利发展的意思。　④杂于害，而患可解也：考虑到不利的因素，则祸患即可消除。　⑤屈：使屈服。　⑥害：这里指害怕、忌讳、厌恶的事情。　⑦役诸侯者以业：凭自己的实力来役使敌人，使敌人忙碌。役，使、驱使。业，这里指自己的实力。　⑧趋诸侯者以利：用小利引诱诸侯奔走。趋，奔走。　⑨恃：倚仗、依赖。

【今译】

因而，聪明的将领考虑问题，一定兼顾利与害两个方面。在有利的条件下看到不利的因素，事情就可以顺利进行；在不利的条件下考虑到有利的因素，祸患便可及早解除。

因此，要使诸侯国屈服，就要以祸患来威逼它；要通过自己的实力来逼迫诸侯国，使其忙乱；要使各国诸侯归附，就用小利去引诱它们。

所以用兵的方法是：不要寄希望于敌人不会来，而要依靠自己做好了充分的准备；不要寄希望于敌人不进攻，而是要依靠自己有不可攻破的条件。

【释义】

《孙子》一书广泛使用各种相对概念来全面而辩证地阐释问题,如己彼、天地、迂直等。本章强调战略谋划要兼顾利害。孙子认为,只有兼顾利害,才能趋利避害,转害为利。兼顾了利害,才能更好地调动其他各国诸侯,使自己占据主动。用兵的方法不在于侥幸,而在于自己充分的准备,这与第三单元"以形相胜"遥相呼应。

以迂为直

【原文】

孙子曰:凡用兵之法,将受命于君,合军聚众①,交和而舍②,莫难于军争③。军争之难者,以迂④为直,以患为利。故迂其途,而诱之以利⑤,后人发,先人至⑥,此知迂直之计者也。

——孙子兵法·军争篇第七

第六单元 因敌制胜

注解

①合军聚众：聚集民众，组编军队。合，会合，联合。　②交和而舍：和，古时军队的营门称和门。交和，两军对垒。舍，军队驻扎一宿。　③军争：两军争夺取胜的主动权。　④迂：曲折。　⑤故迂其途，而诱之以利：以迂回绕道和利益引诱敌人。　⑥后人发，先人至：比敌人后出动，而先到达要争夺的要地。

【今译】

孙子说：大凡用兵打仗的方法，统帅受命于国君，聚集民众，组编军队，知道与敌军对垒，最难的莫过于与敌人争夺取胜的主动权。争夺取胜的主动权之所以困难，是因为要把迂回曲折的路变成直道，化不利条件为有利条件。采取迂回的途径，以小利引诱敌人，比敌人晚出发，却可以先敌人到达，这便是懂得变迂为直谋略的人。

【释义】

"军争"即指在战争中夺取主动权，只有夺取主动权才能制胜。本章讲了为将者从受国君命令，集合组编军队，赶赴战场的过程。赶赴战场早的一方，便能以逸待劳，占得先机。为将者可以采用"以迂为直"的策略，将弯路变成直路，必须采用一定的欺骗与迷惑手段，这看似费时费力，实则能"变迂为直"，争得战争的主动权。"迂直之计"的理论也符合中国传统的辩证法，这是先民最可宝贵的智慧之一。

致人而不致于人

【原文】

孙子曰：凡先处战地而待敌者佚①，后处战地而趋战者劳②。故善战者，致人而不致于人③。能使敌人自至者，利之也；能使敌人不得至者，害之也。故敌佚能劳之④，饱能饥之⑤，安能动之⑥。

——孙子兵法·虚实篇第六

【注解】

①先处战地而待敌者佚：先占据战争要地并且迎接敌人到来的就主动从容。处，占据；佚，通"逸"，安逸、从容。　②后处战地而趋战者劳：在作战中，若后占据战地仓促应战，则疲劳被动。趋，奔赶，此处为"促"，仓促。　③致人而不致于人：调动敌人而不为敌人所调动。致人，调动敌人。　④佚能劳之：敌人如果休整良好，就设法使之劳顿。　⑤饱能饥之：敌人如果给养充足，就使之饥困。　⑥安能动之：敌人如果安固守御，就使之移动。

第六单元　因敌制胜

【今译】

孙子说：凡先到达并占据战场等待敌人的就主动安逸，而后到达战地匆忙投入战斗的就被动、疲劳。因而，善于指挥作战的人，总是设法调动敌人而自己不为敌人所调动。能使敌人自动进入预定地域的，是用小利引诱敌人的效果；能使敌人不能到达预定地域的，是制造困难阻扰的结果。敌人闲逸，就想方设法使它疲劳；敌人若饱食，就设法使之饥饿；敌人如果安固守御，就使之移动。

【释义】

战争自然要力求占得先机，从而先发制人。这个先机的取得通常属于先下手的一方，"致人而不致于人"就是获得主动权，甚至运用谋略化被动为主动，将敌人的优势变为劣势，也就是自己掌握优势。

量敌而动

【原文】

故用兵之法，十则围之①，五则攻之，倍则分之②，敌③则能战之，

少则能逃④之，不若⑤则能避之。故小敌之坚，大敌之擒⑥也。

——孙子兵法·谋攻篇第三

> **注解**
>
> ①十则围之：有十倍于敌人的兵力就包围敌人。　②倍则分之：有一倍于敌人的兵力就设法分散敌人。　③敌：与敌人兵力相等，势均力敌。　④逃：与下文的"避"同，指主动地采取不与敌争锋的办法，并非消极地逃跑。　⑤不若：指条件不如敌人。　⑥小敌之坚，大敌之擒：只知固执硬拼的小军队，必定会被强大的军队擒获。

【今译】

用兵的原则是：有十倍于敌人的兵力就包围敌人，五倍于敌人的兵力就进攻敌人，两倍于敌人的兵力就分割消灭敌人，有与敌相当的兵力则可以抗击，兵力少于敌人就要避免与其正面接触，兵力弱少就要撤退避开。弱小的军队顽固硬拼，就会被强大敌军俘虏。

【释义】

本章讲对战双方的实力对比，根据敌我双方的军力情况决定采取的策略，或包围、或进攻、或分割消灭、或抗击、或避开。无论哪种选择，都符合兵法的原理。孙子讲求战争中谋略的使用，

当然不会鼓励以弱敌强，勉强作战，这只能是负隅顽抗，最后难免兵败。

众寡有道

【原文】

齐威王问用兵孙子①，曰："两军相当，两将相望②，皆坚而固，莫敢先举③，为之奈何？"孙子答曰："以轻卒尝④之，贱而勇者将⑤之，期于北⑥，毋期于得⑦。为之微阵以触其侧⑧。是谓大得。"

威王曰："用众用寡有道乎？"孙子曰："有"。威王曰："我强敌弱，我众敌寡，用之奈何？"孙子再拜曰："明王之问。夫众且强，犹问用之，则安国之道也。命⑨之曰赞师。毁卒乱行⑩，以顺其志，则必战矣。"威王曰："敌众我寡，敌强我弱，用之奈何？"孙子曰："命曰让威。必臧其尾，令之能归⑪。长兵⑫在前，短兵⑬在□，为之流弩，以助其急者⑭。□□毋动，以待敌能⑮。"

威王曰："击均⑯奈何？"孙子曰："营而离之⑰，我并卒⑱而击之，毋令敌知之。然而不离⑲，按而止⑳。毋击疑。"

167

威王曰:"以一击十,有道乎?"孙子曰:"有。攻其无备,出其不意[21]。"

威王曰:"地平卒齐[22],合[23]而北者,何也?"孙子曰:"其阵无锋也。"

——孙膑兵法·威王问

注解

①齐威王问用兵孙子:齐威王问用兵的道理于孙膑。　②相望:对峙。　③先举:先采取行动。　④尝:试探。　⑤将:率领。　⑥期于北:做好失败的准备。期,预期。北,败北。　⑦得:得胜。　⑧微阵以触其侧:以一部分隐蔽的兵力袭击敌军的侧面。微,隐蔽的。　⑨命:名。　⑩毁卒乱行:故意使阵列显得混乱,以诱惑敌人。卒,古代军队组织的一种单位。行,指队列。　⑪必臧其尾,令之能归:隐蔽好后面的部队,以便撤退。臧,同"藏"。　⑫长兵:长柄兵器,如戈矛。　⑬短兵:短柄兵器,如刀剑。　⑭为之流弩,以助其急者:在危急的时候,以机动的弩兵救应。流弩,即机动的弩兵。　⑮毋动,以待敌能:按兵不动,观察敌军的情况。　⑯击均:攻击势均力敌的敌人。　⑰营而离之:迷惑敌人,使之分散兵力。营,迷惑。离,分离。　⑱并卒:集中兵力。　⑲不离:敌人不分散兵力。　⑳按而止:我方按兵不动。　㉑攻其无备,出其不意:在敌人没有防备的地方进攻,在敌人没有想到的地方出兵。　㉒地平卒齐:地利与兵力相当。平,平敌。齐,严整。　㉓合:交战。

第六单元　因敌制胜

【今译】

齐威王向孙膑求教用兵之法，说："如果两军实力相当，双方的将领对峙，阵势都很坚固，谁都不敢先进攻，应该怎么办呢？"孙膑回答说："先派出少量兵力试探敌人，由勇敢的低级将领率军，做好试探失败的准备，不要指望取胜。试探的军队要用一些隐蔽的兵力攻击敌人的侧翼。这可以说是取得大胜的方法。"

威王问："对阵双方用兵多少有规律吗？"孙膑说："有。"威王问："我方强大敌方弱小，我方兵多敌方兵少时，该怎么用兵？"孙膑向齐威王行了两次礼后，说："这真是英明君主提的问题。在我方军队兵多势强的形势下，还问如何用兵，这是使国家安定的根本。这可以称为'赞师'。故意让本方军队队形散乱，来迎合敌方心理，敌方必然会交战。"威王又问："如果敌方兵多，敌强我弱，又该怎么用兵呢？"孙膑说："这叫做'让威'，隐蔽后面的部队，让自己的军队能安全撤退。持长兵器的士卒在前，持短兵器的士卒在后，并配备弓箭，作为应急之用……我方军队要按兵不动，来观察敌军的情况。"

威王问，"对势均力敌的敌军该怎么办？"孙膑回答道："要迷惑敌军，使其兵力分散，我军集中兵力攻击敌军，不要让敌军发现。但是，如果敌军兵力没有分散，我军要按兵不动，耐心等待战机。不要盲目攻击敌军的疑兵。"

威王问，"如果我军和敌军兵力为一比十时，有攻击敌军的办法吗？"孙膑回答道："有！攻其不备，出其不意。"

威王问："在地利和兵力都相当的情况下，交战却失败了，这是什么原因呢？"孙膑回答："这是由于自己的军阵没有锋锐。"

【释义】

本章记载了齐威王向孙膑请教用兵之道的问答。比较敌我双方的军力，分三种情况展开讨论。我强敌弱的时候，要采用诱敌之计，引对方前来交战。敌强我弱的时候，要采用退避战术，保全实力并等待时机再出击。而在敌我相当的情况下，要迷惑敌军使之分散，然后突然袭击。孙膑尤其肯定了齐威王先问我强敌弱的情况下的用兵之道，认为这是一种审慎的明君态度。齐威王又问以一敌十是否有办法进攻，这是比较极端的情况，通常会寡不敌众，而孙膑认为可以采用"出其不意"的办法，可见其自信。齐威王还不满足，又问如果地利和兵力相当，失败的原因是什么，孙膑回答这是军阵不锋锐的原因，关于阵法问题，孙膑还有不少论述，下文再提。

第六单元　因敌制胜

必战有道

【原文】

田忌问孙子曰:"张军①毋战有道?"孙子曰:"有。倅险增垒②,诤戒③毋动,毋可□□毋可怒。"田忌曰:"敌众且武,必战有道乎?"孙子曰:"有。埤垒广志④,严正辑众⑤,避而骄之,引而劳之,攻其无备,出其不意,必以为久⑥。"

——孙膑兵法·威王问

注解

①张军:即陈兵。　②倅险增垒:凭据险要,增高壁垒。倅,同"萃",居止的意思。　③诤戒毋动:加强戒备,按兵不动。诤(zhèng),同"静"。戒,戒备。　④埤垒广志:修筑低垒,表示无所畏惧,以激励士气。埤(pí),同"卑"。广志,发扬士气。　⑤严正辑众:严明法令,以团结士卒。正同"政"。辑,团结。　⑥必以为久:必须持久。

【今译】

田忌问孙膑说:"敌军摆开阵势不进攻,有办法对付吗?"孙膑说:"有办法。利用险要地形增加堡垒,约束士兵,不许轻举妄动,不要被敌军的挑衅所激怒。"田忌问:"敌军兵多而且勇猛,有战胜敌军的办法吗?"孙膑说:"有。修建低垒,以此激励士气,并且严申军令,约束士兵,避敌锐气,使敌军骄傲,并设法牵引敌军,使敌军疲劳,然后攻其不备,出其不意,还要做好打持久战的准备。"

【释义】

本章为田忌向孙膑请教制敌方法的问答。田忌问孙膑如何让摆好阵势的敌人上前进攻,孙膑告诫他要利用地形,约束士兵,一定要保持耐心。田忌又问孙膑如何对付强敌,孙膑认为要安顿军队,引诱和调动敌军,做好打持久战的准备。针对不同状态的敌人,采用不同的策略,这是因敌制胜的关键。

动敌以形

【原文】

故善动①敌者,形之②,敌必从之③;予之④,敌必取之;以利

第六单元 因敌制胜

动之,以卒待之。

——孙子兵法·势篇第五

注解

①动:调动。 ②形之:以假象欺骗敌人。 ③从之:跟着采取相应的措施。 ④予:给予。

【今译】

因此,善于调动敌人的将帅,会给敌人以假象,敌人就会上当受骗;给敌人一点甜头,敌人必然会贪利进攻;以小利引诱,用精锐的部队来等待敌人进入圈套。

【释义】

所谓兵不厌诈,调动敌人从而获得战争的主动权非常关键。本章介绍了几种调动敌人的方法,战争无非是为了利益,以小利换大利是重要的取胜原则。当然,知彼而知己,在战争中也要避免己方被敌人所迷惑和引诱。

避实击虚

【原文】

出其所必趋①,趋其所不意,行千里而不劳者,行于无人之地也。攻而必取者,攻其所不守也;守而必固者,守其所不攻也。故善攻者,敌不知其所守;善守者,敌不知其所攻。微乎微乎,至于无形;神乎神乎,至于无声,故能为敌之司命②。进而不可御者,冲其虚③也;退而不可追者,速而不可及也。故我欲战,敌虽高垒深沟,不得不与我战者,攻其所必救也;我不欲战,画地而守④之,敌不得与我战者,乖其所之⑤也。

——孙子兵法·虚实篇第六

注解

①出其所必趋:进攻敌人必然奔赴援救之地。趋,急行,奔赴。
②故能为敌之司命:所以能成为敌人命运的主宰者。司命,主宰命运者。 ③冲其虚:我方进攻的地方正是敌人虚懈的地方。虚,虚懈之处。 ④画地而守:在地上划界防守。画,画出界限。
⑤乖其所之:调动敌人,将其引向别处。乖,弄乱。

第六单元　因敌制胜

【今译】

在敌人必定会去的地方出击，在敌人意想不到的条件下进攻。行军千里而不劳顿，因为走的是没有敌人的地方；进攻一定能获胜，是因为攻击敌人不设防的地方；防守必然能牢固，是防守着敌人不敢进攻或不能进攻的地方。所以善于进攻的，使敌人不知道如何防守；善于防守的人，使敌人不知向哪里进攻。微妙呀！微妙到看不到形迹；神奇呀！神奇到听不出声息。所以能掌握敌人的命运。进攻而使敌人无法抵御的，是攻击它虚懈的地方；后退而使敌人无法追到的，是迅速得使它来不及追赶。所以，我军想要决战，敌人尽管在高垒深沟，却不得不同我军打仗，因为是进攻它必然要救援的地方；我军不想决战，哪怕是画地防守，敌人也无法来同我作战，是因为我方设法调动它，使它背离所要进攻的方向。

【释义】

我们都熟悉"出其不意"的说法，这里孙子的话是"出其所必趋，趋其所不意"，也就是预料与谋划在敌人之先。本章具体介绍了隐蔽自我和调动敌人的方法，在攻防之间决定了敌军的命运，连孙子都不由得感叹它的奇妙！

以众击寡

【原文】

故形人①而我无形，则我专而敌分②；我专为一，敌分为十，是以十攻其一也，则我众而敌寡；能以众击寡者，则吾之所与战者，约③矣。吾所与战之地不可知，不可知，则敌所备者多；敌所备者多，则吾所与战者，寡矣。故备前则后寡，备后则前寡，备左则右寡，备右则左寡，无所不备，则无所不寡④。寡者，备人者也；众者，使人备己者也。

——孙子兵法·虚实篇第六

【注解】

①形人：使敌现形。形，显露。　②我专而敌分：我能集中兵力而敌人兵力不得不分散。专，专一、集中。分，分散。　③约：少、寡。　④无所不备，则无所不寡：无处不防备就无处不薄弱。

【今译】

因此要使敌人暴露原形而我军处于隐蔽状态，这样我军的兵

第六单元　因敌制胜

力就可以集中而敌人的兵力就不得不分散。我军兵力集中在一处，敌人兵力分散在十处，这样就能用十倍于敌的兵力去攻击敌人，这样就会造成敌寡我众的有利态势。能做到以众击寡，同我军当面作战的敌人就有限了。我军所设定的战场在哪里，敌人不知道，敌人不知道就会处处分兵设防。敌人所防备的地方越多，与我正面交战的敌人就越少。敌人防备了前面，后面的兵力就薄弱；防备了后面，前面的兵力就薄弱；防备了左边，右边的兵力就薄弱；防备了右边，左边的兵力就薄弱；处处防备，就整体薄弱。造成兵力薄弱的原因是处处设防，形成兵力集中的优势在于迫使敌人处处防备。

【释义】

"形人而我无形"，是设法暴露敌人的虚实，隐藏自己的虚实，甚至以假象蒙蔽敌人，从而形成以我方的集中兵力攻击敌方分散兵力的局面，达到以众击寡的效果，从而实现"量敌而动"原则中提到的绝对优势。

善者薄敌

【原文】

善者，敌人军□人众，能使分离而不相救也，受敌①而不相知②也。故沟深垒高③不得以为固，车坚兵利不得以为威，士有勇力而不得以为强。

故善者制险量阻④，敦三军，利屈伸，敌人众能使寡，积粮盈军能使饥，安处不动能使劳，得天下能使离，三军和能使柴⑤。故兵有四路、五动：进，路也；退，路也；左，路也；右，路也。进，动也；退，动也；左，动也；右，动也；默然而处，亦动也。善者四路必彻⑥，五动必工⑦。故进不可迎于前⑧，退不可绝于后⑨，左右不可陷于阻，默[然而处]，□□于敌之人。故使敌四路必穷，五动必忧。进则傅⑩于前，退则绝于后，左右则陷于阻，默然而处，军不免于患。善者能使敌卷甲趋远⑪，倍道兼行⑫，倦病而不得息，饥渴而不得食。

以此薄敌，战必不胜矣⑬。我饱食而待其饥也，安处以待其劳也，正静以待其动也。故民见进而不见退，蹈白刃而不还踵⑭。

——孙膑兵法·善者

第六单元　因敌制胜

注 解

①受敌：受攻击。　②不相知：互不知情。　③沟深垒高：壕沟很深，壁垒很高。　④故善者制险量阻：因此善战者能审察地形，利用险阻。　⑤柴：同"眥(zī)"，怨恨。　⑥彻：通达。　⑦工：巧，善。　⑧故进不可迎于前：因此进军时敌人不能阻挡前进。　⑨退不可绝于后：退军时敌人不能切断退路。　⑩傅：同"薄"，迫。　⑪卷甲趋远：卷起铠甲向远方急进。　⑫倍道兼行：一天走两天的路。　⑬战必不胜：敌军作战必然不胜。　⑭不还踵(zhǒng)：不掉转脚跟，指不后退。还，同"旋"。

【今译】

善于用兵的将领，敌军人数众多时，能使敌军兵力分散而不能相互救援，遭到攻击时彼此不知情况。所以说，壕沟很深、壁垒很高的阵地也不能称为牢固，战车坚固、兵器锐利也不能称为威猛，士兵勇猛也不能称为强大。

因此，善于用兵的将领善于审视地形，利用险阻，能够指挥全军将士进退自如，敌军兵多能使其变少，敌军军粮充足能让他挨饿，敌军稳守不动时能让他们疲劳，敌军得民心能让他们互相背离，敌军同心协力能让他们矛盾不和。所以用兵有四路、五动：前进是一条路，后退是一条路，向左是一条路，向右也是一条路；前进是动，后退是动，向左是动，向右是动，按兵不动同样也是动。善于用兵的将领做到四路通达，五动巧妙。因此，当自己的军队前进时让敌军不能阻挡，后退时不让敌军切断后路，向左向右不会受敌军阻拦，按兵不动时……反过来要使敌军四路受围困，五动有忧患，前进时必有我军阻挡于前，后退时必定被切断后路，向左向右一定受到阻拦，即使按兵不动，也免不了灾祸。善于用兵的将领能让敌军卷起铠甲远去，也能使敌军日夜急行、疲倦生病而不能够休息，饥饿口渴而不能吃饭喝水。

用这样的方法与敌军交战，敌军战斗肯定不能获胜了。我军则是吃饱了等待饥饿的敌军，在安逸的地方驻扎来等待疲惫的敌军。按兵不动而等敌军动。所以，我军士兵会勇往直前，绝不后退，即使踩上敌军锋利的刀刃，也同样不会转身后退。

【释义】

善战者在作战时能使自己处于主动而陷敌于被动。孙膑认为只有在任何情况下都能克敌制胜的将领才能称得上是善于用兵的将领。文章一开头就提出面对兵多而强的敌军时，善于用兵的将领却能巧妙地使敌我形势发生有利于己方的转化，让敌军由全局的优势变为局部的劣势，进而扩大为全局的劣势，并战而胜之。文章不但指出了善于用兵的将领应该具备的水平，而且指出了达到的途径：善于审视和利用地形，能指挥全军进退自如，能使敌军兵力由多变少，由粮足变为粮少，由逸变疲，由团结变为不和等。这些述说对用兵者都是很好的提示。文章进而把用兵的临敌指挥

第六单元　因敌制胜

概括为"四路五动",特别是把"按兵不动"也列为一"动",很有辩证思想,也是很有见地的说法。"四路五动",很准确地概括了军队的各种运动方式,因为当时还没有空降、空中撤退或潜水等方式。孙膑就是从这"四路五动"的指挥上来区分是否善于用兵。孙膑把用兵能做到"四路通达,五动巧妙"的将领认定为善于用兵的将领,并进而将"四路、五动"阐释为让自己的军队进、退、守皆运动自如,并让敌军"四路受困,五动忧虑"。这样,最后便能达到以饱待饥、以安待劳、以静待动的优势境地。

击 敌 十 道

【原文】

兵问曰:交和而舍①,粮食均足,人兵敌衡②,客主③两惧。敌人圆阵以胥④,因以为固,击之奈何?曰:击此者,三军之众分而为四五,或傅⑤而佯北,而示之惧。彼见我惧,则遂分而不顾。因以乱毁其固。驷鼓同举,五遂⑥俱傅。五遂俱至,三军同利。此击圆之道也。

交和而舍,敌富我贫,敌众我少,敌强我弱,其来有方,击之奈何？曰：击此者，□阵而□之，规而离之，合而佯北，杀将其后，勿令知之。此击方之道也。

交和而舍，敌人既众以强，劲捷以刚，锐阵以胥，击之奈何？击此者，必三而离之，一者延而衡⑦，二者□□□□恐而下惑，下上既乱，三军大北。此击锐之道也。

交和而舍，敌既众以强，延阵以衡，我阵而待之，人少不能，击之奈何？击此者，必将三分我兵，练我死士，二者延阵张翼，一者材士练兵⑧，期其中极⑨。此杀将击衡之道也。

交和而舍，我人兵则众，车骑则少，敌人十倍，击之奈何？击此者，当保险带隘⑩，慎避广易⑪。故易则利车，险则利徒。此击车之道也。

交和而舍，我车骑则众，人兵则少，敌人十倍，击之奈何？击此者，慎避险阻，决而导之，抵诸易⑫。敌虽十倍，便我车骑，三军可击。此击徒人⑬之道也。

交和而舍，敌将勇而难惧，兵强人众自固，三军之士皆勇而无虑，其将则威，其兵则武，而吏⑭强粮接，诸侯莫之或待⑮。击之奈何？曰：击此者，告之不敢，示之不能，坐拙而待之，以骄其意，以惰其志，使敌弗识，因击其不□，攻其不御，压其骀⑯，攻其疑。彼既贵既武，三军徙舍，前后不相睹，故中而击之，若有徒与。此击强众之道也。

交和而舍，敌人保山而带阻，我远则不接，近则无所⑰，击之

第六单元　因敌制胜

奈何？击此者，彼敛阻移□□□□则危之，攻其所必救⑱，使离其固，以揆其虑⑲，施伏设援，击其移庶⑳。此击保固之道也。

交和而舍，客主两阵，敌人形箕㉑，计敌所愿，欲我陷覆，击之奈何？击此者，渴者不饮，饥者不食，三分用其二，期于中极，彼既□□，材士练兵，击其两翼，□彼□喜□□三军大北。此击箕之道也。

——孙膑兵法·十问

注解

①交和而舍：两军相对，准备交战。和，军队左右垒门。舍，扎营。　②人兵敌衡：双方人力和武器相当。敌，相当。　③客主：客指进攻方，主指防御方。　④胥：等待。　⑤傅：同"薄"，迫近，接触。　⑥遂：同"队"，军队。　⑦延而衡：把军阵延长，横着摆开。　⑧材士练兵：有才之士，精选之兵。　⑨期其中极：务期攻敌要害。中极，要害。下文"期于中极"与此同义。　⑩当保险带隘：凭据险阻隘塞之地，恃以为固。　⑪慎避广易：谨慎避开平敞开阔的地形。　⑫抵诸易：把敌人压迫到平坦的地带。抵，挤，推。　⑬徒人：步卒。　⑭吏：军吏。　⑮诸侯莫之或待：其他诸侯国都不能抵御。待，抵御。　⑯骀(tái)：同"担"。　⑰我远则不接，近则无所：我离敌太远则打不到敌人，离敌过近则无立足之地。　⑱攻其所必救：攻击敌人必定要救援的地方。　⑲以揆(kuí)其虑：揣度敌人的行动意图。揆，揣度。　⑳移庶：移动中的敌众。庶，众。　㉑敌人形箕：敌人把军队布置成簸箕形的阵势。

【今译】

兵家问道:"两军对垒,双方粮食都很充足,兵员人数和武器也相当,双方彼此都畏惧对方。敌军布下圆阵待战,非常坚固,怎么攻击敌军呢?"孙膑说:"攻击这样的敌军,可以把本方军兵分成四五路,有的军兵与敌军一接战就假装败逃,装出十分畏惧敌军的样子。敌军见我军畏惧,就会毫无顾忌地分兵追击我军。我军就可以乘乱而毁掉其坚固的阵地,随即驱动战车,擂响战鼓,五路军兵齐发,全军协同攻击敌军。这就是击破敌军圆阵的办法。"

"两军对垒时,敌方很富,我方很穷,敌军兵多,我军兵少,敌强我弱,敌军用方阵向我方进攻,我军该如何抗击敌军呢?"孙膑说:"抗击这样的敌军……使集中的敌军分散,一接战就假装败逃,然后伺机从后面攻击敌军,但要注意不让敌军事先察觉。这就是攻破敌军方阵的办法。"

"两军对垒时,敌军人数既多又强,勇猛、敏捷,并且列成锐阵准备与我军交战,该如何抗击这样的敌军?"孙膑说:"抗击这样的敌军,要把本方的军队分成三部分,来调动、分散敌军。把军阵延长,横向摆开……敌军将领恐惧,士兵惶惑,上下混乱,敌军必将大败。这就是击破敌军锐阵的办法。"

"两军对垒时,敌军人数多而且强大,布成阵势与我军交战,我军也列阵等待,但我军兵力太少,无法抗击敌军,该怎么办进攻敌人呢?""抗击这样的敌军,要把本方军队分成三部分,并且

第六单元　因敌制胜

要特别选出精兵作为敢死队，用三部分中的两路军兵列成阵势，张开两翼，再用精兵组成的敢死队攻击敌军中枢，务求一击必中。这就是击杀敌军将领、击破敌军阵势的办法啊。"

"两军对垒时，我军人数多，但战车、骑兵少，敌军是我军的十倍，该怎么与敌军交战呢？""和这样的敌军交战，要占据险要地形，利用狭长的隘口，谨慎地避开开阔平坦的地带，开阔平坦地带有利于战车冲击，而险要隘口有利于步兵作战。这就是打败战车敌军的办法。"

"两军对垒时，我军战车和骑兵多，但步兵少，而敌军步兵多，是我军的十倍，该如何与敌军作战呢？""和这样的敌军交战，千万要避开险阻地带，想方设法把敌军引到平坦开阔地带去决战。敌军步兵虽是我军十倍，但开阔平坦地区便于我军战车和骑兵冲击，敌人三军都可以击败。这就是打败敌军步兵的办法。"

"两军对垒时，敌军将领勇猛无畏，敌军兵多而强，阵地十分坚固，全军将士都很勇敢，没有后顾之忧。敌军将领威武，士兵勇敢善战，后方人员强干，粮食供应充足，诸侯中没有人能抵御他。该怎么与这样的敌军抗争呢？"孙膑说："和这样的敌军抗争，可以公开宣布不敢与其抗争，显示出没有能力与他抗争，装出完全屈服的样子，从而使敌军产生骄傲情绪，松懈斗志，要让敌军看不出我方的意图。乘机出其不意，攻其无备，趁敌军懈怠和疑虑的时候，攻击敌人。敌军虽然又富又勇敢，但全军离开营地，行军迁移，前后不能相互照应，我军可以拦腰截击敌军，很容易将其打败。这就是打败强敌的办法。"

"两军对垒时，敌军凭借山地来据守，阻止我军前进，我军如离敌军远就无法接触敌军，离敌军近又没有立足之地，该怎样与这样的敌军交战呢？"孙膑说："与这样的敌军交战……要攻击敌军必定要救援的地方，从而使敌军离开原来坚固的阵地，并预先推测敌军的计划，部署伏兵和援军，攻击移动中的敌军。这就是攻击据险固守的敌军的办法。"

"两军对垒时，敌军和我军列阵相对，敌人摆出箕形阵势。估计敌军的意图，是想让我军落入包围而全军覆没。该怎样与敌军对抗呢？""对抗这样的敌军，要像口渴的人不喝水，饥饿的人不吃饭一样，用本方三分之二的兵力，去攻击敌军的中枢要害，待敌军……之时，派出精兵去攻击敌阵两翼……敌军必然大败。这就是攻破敌军箕阵的办法。"

【释义】

本章删去了缺漏较多的二问，保留下八问。由此窥见孙膑对于不同阵型、兵种、状态、处地的敌人用兵取胜的方法，这些情况都是处于敌强我弱的状态下，孙膑予以切实有效的回答，对为将者有很强的操作性。而主要的原则还是从知彼知己、知天知地、应敌而变出发。

第六单元　因敌制胜

兵有五名

【原文】

兵有五名：一曰威强，二曰轩骄①，三曰刚至②，四曰朌忌③，五曰重柔④。夫威强之兵，则屈软而待之⑤；轩骄之兵，则恭敬而久之；刚至之兵，则诱而取之；朌忌之兵，则薄其前，骜其旁，深沟高垒而难其粮；重柔之兵，则谍而恐之，振而捅之，出则击之，不出则回⑥之。

——孙膑兵法·五名

注解

①轩骄：高傲。　②刚至：刚愎(bì)自用。"至"同恎(dié)。
③朌(mào)忌：贪婪猜忌。下文作朌忌,贪、忌,疑忌。　④重柔：极其软弱。　⑤屈软而待之：用示弱的办法对付强敌。　⑥回：围。

【今译】

军队有五种类型：第一种是威武强大，第二种是高傲骄横，第三种是刚愎自用，第四种是贪婪猜忌，第五种是优柔寡断。对付威武强大的军队要故意示弱，装出屈服的样子而等待时机；对付高傲骄横的军队，可以装出恭敬的样子而拖延时间；对付刚愎自用的军队，可以用诱敌计而战胜；对付贪婪猜忌的军队，可以迫近敌人的前锋，同时在其侧翼虚张声势加以骚扰，再用深沟高垒使敌人难于运粮补给；对付优柔寡断的军队，可以虚张声势施以恐吓，用小股部队作些试探性的攻击，如果敌军出动就加以攻击，如果敌军不出战就包围它。

【释义】

"五名"论述用不同方法对付五种不同的敌军。本章讲述对待敌军的态度，但两部分各有侧重。第一部分讲述两军对垒时，对待不同敌军的相应态度和办法。孙膑把敌军分为五种类型：即威武强大、高傲骄横、刚愎自用、贪婪猜忌、优柔寡断。从孙膑所说的特点来看，这里所说的军队，更大程度上是指统兵将领的特点。文章的重点不在于给敌军分类，而在于论述对付这五种敌军的办法。

五恭五暴

【原文】

兵有五恭、五暴。何谓五恭？入境而恭，军失其常。再举而恭，军无所粮①。三举而恭，军失其事②。四举而恭，军无食。五举而恭，军不及事。入境而暴，谓之客。再举而暴，谓之华。三举而暴，主人惧。四举而暴，卒士见诈③。五举而暴，兵必大耗。故五恭、五暴，必使相错也④。

——孙膑兵法·五恭

【注解】

①军无所粮：军队征集不到粮草。　②失其事：误事。　③见诈：受骗。　④相错：交替使用。

【今译】

军队有五种表示谦恭的情况，也有五种表现凶暴的情况。表示谦恭是哪五种情况呢？第一是在进入对方国境立即表示谦恭，军队就会失去其正常的状态；第二是行动时向敌方表示谦恭，军队就会无从得到粮食补给；第三是行动时向敌方表示谦恭，军队就会失利；第四是行动时向敌方表示谦恭，军队就要挨饿了；第五是进攻向敌方表示谦恭，军队就无法完成任务了。表现凶暴又会是哪五种情况呢？一是进入对方国境就表现凶暴，该国人定会把你当做外来客；第二是行动表现凶暴，就会引起该国哗然纷乱；第三是行动表现凶暴，就会引起该国百姓恐惧；第四是行动表现凶暴，你的士兵在该国就只能得到欺诈了；第五是行动再表现凶暴，你的军队就将大受损耗了。所以说，谦恭和凶暴要视情况交替使用。

【释义】

《五恭》论述军队进入敌方境内时，"恭"、"暴"两种手段各有利弊，要交替使用，以达到最有利的效果。

巧 能 成 事

【原文】

故为兵之事，在于顺详敌之意①，并敌一向②，千里杀将，此谓巧能成事者也。

第六单元　因敌制胜

是故政举之日③，夷关折符④，无通其使⑤；厉于廊庙之上⑥，以诛其事⑦，敌人开阖⑧，必亟入之。先其所爱⑨，微与之期⑩。践墨随敌⑪，以决战事。是故始如处女，敌人开户；后如脱兔，敌不及拒⑫。

——孙子兵法·九地篇第十一

注解

①顺详敌之意：假装顺从敌人来观察敌人的企图。　②并敌一向：集中优势兵力朝一个方向进攻。　③政举之日：指决定战争的日子。政举，这里指决定战事。　④夷关折符：封锁关口，废除符节。　⑤无通其使：禁止使节往来。　⑥厉于廊庙之上：在庙堂上反复研究，以决定战争大事。厉，通"砺"，磨砺，这里是反复计议的意思。　⑦以诛其事：来决定这一大事。诛，治，这里指研究、商议。　⑧开阖(hé)：比喻可乘之机。　⑨爱：所爱之处。这里指要害、关键。　⑩微与之期：隐藏与敌人作战的时间。微，隐藏。期，约。　⑪践墨随敌：作战计划的实施要根据敌情的变化来决定。践墨，实施计划。墨，墨线，指既定的军事计划。　⑫始如处女，敌人开户；后如脱兔，敌不及拒：开始如处女般柔弱沉静，便敌人放松警戒，后如逃兔一般迅捷，打击敌人，使之措不及防。

【今译】

所以领兵作战这种事，就在于假装顺着敌人的意图，集中兵力攻击敌人之一处，即使千里奔袭，也可斩杀敌将，这就是所说的巧妙用兵能成就大事。

所以决定战争行动的时候，就封锁关口，废除通行凭证，停止与使节往来；在庙堂仔细研究敌情、再三谋划，作出战略决策。敌人有了可乘之机，就马上进攻。首先要夺取敌人战略要地，保密与之作战的时间。实施作战计划要随着敌情的变化而变化，来决定自己的作战行动。因此战争开始要像处女一般沉静，使敌人放松戒备；然后突然发动攻击，要像脱逃的野兔一样迅速行动，使敌人来不及抵抗。

【释义】

本章重在突出一个"巧"字。以"巧"隐蔽自我，迷惑敌人，突然制胜。决定作战过程需要准备，然而一旦有好的时机，便迅速行动，以"巧"夺取敌人的战略资源和条件，在动静变化间克敌制胜。"巧"的关键在于变化的突然性和不可预测性，这是孙子谋略的重要体现。

第六单元　因敌制胜

围 魏 救 赵

【原文】

昔者，梁君将攻邯郸①，使将军庞涓②带甲③八万至于茬丘④。齐君⑤闻之，使将军忌子⑥带甲八万至……竟。庞子攻卫⑦取□□，将军忌[子]……卫□□，救与……曰："若不救卫，将何为？"孙子曰："请南攻平陵⑧。平陵，其城小而县大，人众甲兵盛，东阳战邑⑨，难攻也。吾将示之疑。吾攻平陵，南有宋⑩，北有卫，当途有市丘⑪，是吾粮途绝也。吾将示之不知事。"于是徒舍而走平陵⑫。

……陵，忌子召孙子而问曰："事将何为？"孙子曰："都大夫孰为不识事⑬？"曰："齐城、高唐⑭。"孙子曰："请取所……二大夫□合以□□□□□都横卷四达环涂⑮□横卷所□阵也。环涂被甲⑯之所处也。吾末甲劲，本甲不断⑰。环涂击柀⑱其后，二大夫可杀也⑲。"于是段齐城、高唐为两⑳，直将蚁附㉑平陵。挟茷㉒环涂夹击其后，齐城、高唐当术而大败㉓。将军忌子召孙子问曰："吾攻乎陵不得而亡齐城、高唐，当术而厥㉔。事将何为？"孙子曰："请遣轻车西驰梁郊㉕，以怒其气。分卒而从之，示之寡㉖。"于是为之。庞子果弃其辎重㉗，兼趣舍㉘而至。孙子弗息而击之桂陵㉙，而擒庞涓。故曰：孙子之所以为者尽矣㉚。

——孙膑兵法·擒庞涓

注解

①梁君：指魏国国君惠王（公元前369—公元前319年在位）。魏国在惠王时迁都大梁(今河南开封)，所以魏又称梁。邯郸：赵国国都，在今河北邯郸。　②庞涓：战国时人，早年曾与孙膑同学兵法，后被魏惠王任为将军。文中庞涓又称庞子。　③带甲：穿有铠甲的士卒，这里泛指军队。　④茬丘：地名。　⑤齐君：指齐威王(公元前356—前320年在位)。　⑥忌子：田忌，齐国的将军，曾向齐威王推荐孙膑。　⑦卫：国名，原建都朝歌(今河南淇县),春秋时迁都帝丘(今河南濮阳)。　⑧平陵：地名，大约在宋、卫之间。　⑨东阳战邑：平陵是东阳地区军事上的重要城邑。东阳，地区名。战邑，指平陵。　⑩宋：国名，原建都商丘(今河南商丘)，战国初期迁都彭城(今江苏徐州)。　⑪市丘：地名，在卫国。　⑫徒舍而走平陵：拔营向平陵进军。徒舍，拔营。走，急趋。　⑬都大夫孰为不识事：都大夫中谁来做这件不明智的事情呢？都大夫，治理大城邑的长官，这里指那些率领自己都邑军队跟从田忌参加战争的都大夫。孰，谁。　⑭齐城、高唐：此处是齐城大夫和高唐大夫的省称。齐国的两个都邑。齐城，齐都临淄(zī)，在今山东临淄。高唐，在今山东高唐、禹城之间。　⑮环涂：魏军驻地或将领之名。　⑯轭：兵车。　⑰吾末甲劲，本甲不断：我军前锋猛烈进攻，后续部队按兵不动。末甲，前锋部队。本甲，后续部队。　⑱诐：疑借为"破"字。　⑲二大夫可杀也：孙膑的意思似是要牺牲"不识事"的二大夫，

孙子弗息而击之桂陵，而擒庞涓。故曰：孙子之所以为者尽矣。

使魏军产生齐军软弱无能的错觉。 ⑳于是段齐城、高唐为两:把齐城、高唐二大夫带领的军队分成两部。段,同"断"。 ㉑直将蚁附平陵:蚁附,军士攻城时攀登城墙,如蚂蚁附壁而上。 ㉒挟荓:当是魏军驻地或将领之名。 ㉓齐城、高唐当术而大败:齐城和高唐二大夫的军队在行军的道路上大败。术,道路。 ㉔厥:同蹶(jué),摔倒,败。 ㉕请遣轻车西驰梁郊:请派遣轻快的战车向西直趋魏国国都大梁城郊。 ㉖分卒而从之,示之寡:把队伍分散,让敌人觉得我方兵力单薄。 ㉗辎(zī)重:军用物资器材。 ㉘兼趣舍:急行军,昼夜不停。趣,行进。舍,止息。 ㉙孙子弗息而击之桂陵:孙子没有停息而在桂陵攻击庞涓。弗息,不停息。桂陵,地名,在今山东菏泽东北。 ㉚孙子之所以为者尽矣:孙膑的用兵真是绝了。尽,极致。

【今译】

从前,魏惠王将要攻打赵国国都邯郸,派大将庞涓统领八万大军到达卫国的茌丘。

齐威王听说这个消息后,派大将田忌带领八万大军来到……庞涓攻打卫国的……田忌将军要救卫国……田忌问道:"如果不去救卫国,那怎么办呢?"孙膑说:"请将军南下攻打魏国的平陵。平陵城池虽小,但管辖的地区很大,人口众多,兵力很强,是东阳地区的战略要地,很难攻克。我军可以来迷惑敌军。我军攻打平陵,平陵南面是宋国,北面是卫国,进军途中还要经过魏国的

市丘，我军的运粮通道很容易被切断。我们要故意装作不知道这事。"于是，田忌拔营向平陵进军。

接近平陵时，田忌又请来孙膑，问道："该怎么攻打平陵呢？"孙膑说："都大夫中谁来做这件不明智的事情呢？"田忌说："由齐城和高唐的大夫去领兵。"孙膑说："请派两位将领带兵从齐城、高唐攻击黄、卷两地的魏军。我军派出前锋发起猛烈进攻，主力部队却按兵不动。环涂的魏军必定会反击，两位将军可能打败仗。"于是，田忌分兵两路，从齐城、高唐直向平陵进击。夹芑、环涂两处魏军从后面夹击齐军，两路齐军大败。田忌急忙召孙膑问计："我军没攻下平陵，反而失去齐城、高唐，遭受很大损失，现在该怎么办呢？"孙膑说："请立即派出轻装战车，往西直捣魏国都城城郊，激怒庞涓。庞涓必定回兵救魏国国都。我军只需分出少数兵力和庞涓交战，显出我军兵力单薄的样子。"田忌于是照办。庞涓果然丢掉辎重，昼夜兼程回救魏都。孙膑没有停下，在桂陵攻击魏军，一举战胜庞涓。所以说，孙膑用兵神到极点了。

【释义】

围魏救赵是中国历史上著名的战例。本章是比较少见的具体体现兵家用兵策略的实战记载，许多记述在《史记》中没有，很有史料价值。文章不重在描绘战争场面，而是通过桂陵之战的过程，体现孙膑的谋略思想以及战争胜负的必然性，这与《左传》等先

第六单元　因敌制胜

秦史传文学相似。

公元前354年，当时魏国国君梁惠王，派他的得力大将庞涓带领大军攻打赵国，一举打到赵国首都邯郸城下，赵国危在旦夕，向齐国求救。齐威王派田忌为统兵将领，孙膑任田忌的军师，领兵前去援救赵国。田忌见赵国形势危急，准备领兵直奔邯郸去解围，而孙膑却认为这不是最佳的作战方案。他分析说："要解开纷乱的丝线，不能用手强拉硬扯；要排解别人打架，不能直接参加进去打。同样道理，用兵解围，要避实就虚，击中要害。现在魏国和赵国几乎打了一年的仗，双方都已疲惫不堪。魏国已把精兵都集中到邯郸去了，国内只剩下老弱病残，兵力十分空虚。我们不如引兵直奔魏国国都大梁，占据其交通要道，袭击其空虚的地方。魏军见国内危急，必定会放弃攻打邯郸，回军救援。我军就可以在其回军的中途，在桂陵设下埋伏，截击敌军。这样，我们不但可以轻而易举地解赵国之围，又可以在中途打败魏军。"田忌欣然采纳了孙膑的作战计划，作出进攻魏国都城的姿态，庞涓果然中计，撤军回援。孙膑早已在桂陵设伏，结果齐军大获全胜，消灭魏军两万人马，庞涓也差点成了齐军的俘虏。后一次，孙膑又"围魏救韩"，最终在马陵道全歼魏军，逼使庞涓自刎。

这一战役鲜明地体现了孙膑打破常规（以田忌为衬），示敌人以假象，声东击西的战略主张，这对孙武的"以迂为直"思想也是一种继承和发展。

第七单元

变幻无穷

　　战场瞬息万变，要时刻掌握战局的主动，就必须针对不同的情况采取相应的策略，不可抱守所谓的程式或定法。

　　老子曰："圣人抱一而为天下式"。如果兵法之中确有这个"一"，那就是"变"。《孙子》六千字的兵法，其精髓就在于此。

　　"变"是一种必然。"世上没有两片相同的叶子"，自然也没有两场相同的战役。由于战争发生的目的动机、时间背景、地理环境、交战双方等诸因素都不相同，具体的进程显然也就千差万别。

　　"变"是一种必须。只有不重复自己，一直处于变化之中才能让人无法捉摸，才能在战场上立于不败之地。

　　除了"形"与"势"的变化外，本单元还介绍了孙子"火攻"的见解理论。仅火攻便有五种变化，可交替配合使用，可见《孙子兵法》真正体现了"变幻无穷"。

第七单元 变幻无穷

因利制权

【原文】

计利以听①,乃为之势②,以佐其外③。势者,因利而制权④也。

——孙子兵法·计篇第一

注解

①计利以听:筹谋有利的作战方略已被采纳,即战争决策已定。以,通"已"。听,采纳。　②为之势:指制造某种态势。　③佐:辅助。　④权:权变。

【今译】

认为计策有利并且被采纳后,就要制造某种态势,作为外部的辅助。势就是根据有利的情况而采取灵活机动的措施。

【释义】

战争没有定势,必须根据不同的情形随机应变,就像称砣要根据所称物的重量调整在秤杆的位置,这便是"权衡"。

奇正相生

【原文】

孙子曰:凡治①众如治寡,分数②是也;斗众③如斗寡,形名④是也;三军之众,可使必⑤受敌而无败者,奇正⑥是也;兵之所加,如以碫⑦投卵者,虚实是也。

凡战者,以正合⑧,以奇胜⑨。故善出奇者,无穷如天地,不竭如江河。终而复始,日月是也,死而复生,四时是也。声不过五⑩,五声之变,不可胜⑪听也;色不过五⑫,五色之变,不可胜

第七单元 变幻无穷

观也。味不过五⑬，五味之变，不可胜尝也；战势不过奇正，奇正之变，不可胜穷也；奇正相生，如环之无端⑭，孰能穷之？

——孙子兵法·势篇第五

注解

①治：治理，这里指管理军队。　②分数：按一定的编制组织队伍。　③斗众：指挥大部队战斗。　④形名：这里指军事指挥的原则和方法。　⑤必：假使；即使。　⑥奇正：古代作战以对阵交锋为正，突然袭击为奇。　⑦碬：磨刀石，此泛指坚硬石块。　⑧合：交战。　⑨以奇胜：出奇制胜。　⑩声不过五：古代的五个音阶：宫、商、角、徵、羽，合称五声。　⑪胜：尽。　⑫色不过五：古代五种正色，指青、黄、赤、白、黑。　⑬味不过五：古代味分酸、甜、苦、辣、咸五种。　⑭如环之无端：像顺着环旋转一样没有尽头。

【今译】

孙子说：管理兵员多的部队和管理兵员少的部队相似，要把队伍按一定的编制组织起来；指挥大部队作战与指挥小分队作战的基本原理是一样的，这是在军事指挥中采用了有效的原则。统帅三军将士，可以让它即使在受到敌人进攻时也不会打败仗，就在于巧用奇正的战术。进攻敌人如同以石击卵，这是以实击虚的效果。

大凡作战都是用常规部队与敌人正面交战，用奇兵取得胜利。

因此善于出奇兵的人,像天地一样变化无穷,像江河一样不会枯竭。日月周而复始地运行,四季来回不断地更替。乐声不过五个音阶,然而这五声的组合变化,却能产生听不完的音乐;颜色不过五种正色,可是五色的变化,却能产生看不完的色彩;滋味不过五种,可五味的调和变化,却令人产生尝不尽的味道;战术不过奇和正两种,但奇与正的应用变化,却是无穷无尽的。奇与正互相依存和转化,就像顺着圆环旋绕一样无始无终,又有谁能穷尽呢?

【释义】

本章中孙子提出很多概念:分数是指军队的建制管理,包括各级的配备和分类;形名指军队发信号进行指挥;奇正指阵形上兵力配置的变化,其中担任突击的兵力叫奇,担任策应的兵力叫正;虚实指战役兵力分配的强弱。其中孙子重点谈了奇正的问题。"以正合,以奇胜",可见"出奇"是取胜的条件。孙子又用天地、江河、日月、四季的周而复始和五音、五色、五味等搭配的无穷变幻来说明奇正相互依存与转换的特征。最后以圆周来比喻奇正相生的状态,达到了循环往复、不可穷尽的境界。

第七单元　变幻无穷

奇正无穷

【原文】

形以应形，正也；无形而制形，奇也①。奇正无穷，分也。

分之以奇数，制之以五行，斗之以□□。分定则有形矣，形定则有名矣……同不足以相胜也，故以异为奇。是以静为动奇，佚为劳奇，饱为饥奇，治为乱奇，众为寡奇。发而为正，其未发者奇也。奇发而不报②，则胜矣。有余奇者，过胜者也。

——孙膑兵法·奇正

【注解】

①形以应形，正也；无形而制形，奇也：用有形应对有形，是正；用无形战胜有形，是奇。　②报：报复。

【今译】

用有形应对有形，是正；用无形战胜有形，是奇。奇和正的变化是无穷无尽的，而各自有各自的分位。

将队伍划分为正或奇，用五行相生相克的道理去战胜敌方军队……与敌军相斗。划分的队伍确定后就有相应的取胜阵形，阵形确定就会有阵名了……用和敌军相同的阵形是不能取胜的,所以必须以变异的阵形出奇制胜。因此以静制动是出奇,以逸待劳是出奇,以饱对饥是出奇,以安定对动乱是出奇,以多对少是出奇。暴露的行动是正,隐蔽的行动是奇。出其不意地出兵而没有受到敌军的报复,就胜利了。但是,出奇兵过多时将会过犹不及,不能得胜。

【释义】

本章是孙膑有关奇正的理论,"奇"与"正"相比,就是指反常的东西。"奇"、"无形而制形",灵活多变,没有固定的方法,将使自己处于主动地位。具体包括以静制动、以逸待劳、以安定对动乱、以多对少等做法,这样与敌人相比便会具有优势,也就是破敌的"奇"。总之,出奇制胜是最终目的。

势险节短

【原文】

激水之疾,至于漂①石者,势也;鸷鸟②之击,至于毁折③者,

第七单元　变幻无穷

节④也。是故善战者，其势险，其节短。势如彍弩⑤，节如发机⑥。

纷纷纭纭⑦，斗乱⑧而不可乱也；浑浑沌沌⑨，形圆⑩而不可败也。乱生于治，怯生于勇，弱生于强。治乱，数⑪也；勇怯，势也；强弱，形⑫也。

——孙子兵法·势篇第五

注解

①漂：浮，漂移。　②鸷鸟：凶猛的鸟。　③毁折：擒杀鸟雀。　④节：节奏。　⑤彍(guō)弩：张满待发的弩。　⑥节如发机：节如扣动之机关，一触即发。机，弩上用于发射的机括。　⑦纷纷纭纭：杂多而混乱的样子。　⑧斗乱：在纷乱的状况下指挥战斗。　⑨浑浑沌沌：模糊不清的样子。　⑩形圆：把阵形部署得圆融无碍。　⑪数：权术，方略。　⑫形：指示以某种假象。

【今译】

湍急的流水飞快地奔泻，以至于能让石头漂浮起来，这就是势；凶猛的鸟急速飞动，以至于能击杀其他鸟类，这就是节奏。因而，善于作战的人，他所造成的态势是险峻的，发动攻势的节奏是短促的。势就像张满待发的弓弩，节就是触发的弩机。

旗帜交错，人马杂乱，要在混乱中作战，自己的队伍一定不能混乱；战场上的局势混沌不明，在这种情况下作战，应把阵形部署得圆融无碍，以立于不败之地。在作战中，整齐会变得混乱，勇敢会变得怯懦，强大会变得弱小。严整与混乱，是由组织编制的好坏决定的；勇敢与怯懦，是由势态的优劣造成的；强大与弱小，是由实力的大小对比决定的。

【释义】

本章以激水和鸷鸟、张弩和发矢为喻，说明在战争中要形成险峻的势，并表现为快速突然的节奏。军队的建制管理决定了队伍的严整还是混乱，战争的态势决定了士卒勇敢还是胆怯，双方的兵形决定了强弱。只要坚持了数、势、形的原则，那么无论战场上多么混乱复杂和变化多端，都能做到保持章法，立于不败。

应形于无穷

【原文】

故策之而知得失之计①，作之而知动静之理②，形之而知死生之地③，角④之而知有余不足⑤之处。故形兵⑥之极，至于无形；无形，则深间不能窥，智者不能谋。因形而错胜于众⑦，众不能知；人皆

知我所胜之形⑧，而莫知吾所以制胜之形；故其战胜不复⑨，而应形于无穷⑩。

——孙子兵法·虚实篇第六

【注解】

①策之而知得失之计：仔细筹算，以了解判断计谋的得失。策，谋划。　②作之而知动静之理：挑动敌人而了解敌人的活动规律。作，兴起，此处指挑动。　③形之而知死生之地：形，经过侦察就可以知道什么地方是生地、什么地方是死地。形，侦察地形。　④角：较量。　⑤有余不足：指兵力配置的强和弱。　⑥故形兵之极，至于无形：以假象迷惑敌人的用兵方法运用到极致的程度，可以达到使人无形可窥的境地。形兵，使军队的部署呈现某种形态，这里指排兵布阵时用来迷惑敌人的假象。　⑦错胜于众：由于示形取得的胜利置于众人面前，众人不知道其中的奥妙。错，同"措"，放置。　⑧形：情状。　⑨战胜不复：用以战胜的谋略方法不重复出现。　⑩应形于无穷：不断适应客观实际情况，变化无穷无尽。

【今译】

所以分析研究可得知计谋的得失；挑动敌人可以了解敌人的行动规律；侦察情况可知什么地方是死地、什么地方是生地；用小股兵力试探敌人，可以了解敌人兵力强弱的地方。所以，以假象迷惑敌人的方法运用到精妙的地步，就不会露出行迹；不露任何痕迹，那么即使是隐蔽的间谍也窥察不到情况，聪明的敌人也想不出谋略。即使把根据敌情灵活变化而取得的胜利放在众人面前，众人也不知道其中的奥妙；人们只知道我用来战胜敌人的方法，但是不知道我是怎样运用这些方法来出奇制胜的。所以，从不重复使用以前取得战争胜利的方法，而是用无穷的变化来适应不同的形势。

【释义】

以形胜敌达到极致则为无形，无形也就是无穷之形，每次战争情况不同，变化也就各异。如此变化无穷，不仅让敌人无从捉摸，甚至自己的士卒也不清楚，"形"的背后便是看不见而从不重复的"势"。

兵无常势

【原文】

夫兵形象水①，水之形，避高而趋下；兵之形，避实而击虚。水因地而制流，兵因敌而制胜。故兵无常②势，水无常形；能因敌

第七单元 变幻无穷

变化而取胜者，谓之神。故五行无常胜[3]，四时无常位[4]，日有短长，月有死生[5]。

——孙子兵法·虚实篇第六

注解

①兵形象水：用兵的规律如水的运动规律一样。形，这里有规律、特点的意思。　②常：永恒不变。　③五行无常胜：五行相生相克变化无定数，如用兵策略奇妙莫测。五行，金、木、水、火、土。　④四时无常位：四季推移代谢，永无休止。　⑤月有死生：可以理解为月有朔望圆亏的变化。

【今译】

　　用兵的规律好像水的流动，流水的特点是由于避开高处而流向低处；用兵的规律是避开兵力雄厚的地方而攻击兵力薄弱的地方。水流是根据地形来决定流向，用兵是根据情况来采取致胜方略。所以，战争无固定不变的态势，流水没有固定不变的形状。能够根据敌情发展变化而采取灵活的措施取胜的人，才称得上神奇。五行相生相克没有哪一个是固定常胜的，四季中没有哪一季是进入后就不更替的，白天有短有长，月亮也有时出现、有时看不见。

【释义】

孙子以水之形比兵之势,堪称巧妙。"因敌变化而取胜",是《孙子兵法》的精髓,也就像水根据所处地形来决定流向。这样用兵的变化自然是无穷的,就像五行、四时和日月的变化,更替不息。

五火之变

【原文】

孙子曰:凡火攻有五:一曰火①人,二曰火积②,三曰火辎③,四曰火库④,五曰火队⑤。行火必有因⑥,烟火⑦必素具。发火有时,起火有日。时者,天之燥也。日者,月在箕、壁、翼、轸⑧也。凡此四宿⑨者,风起之日也。

凡火攻,必因⑩五火⑪之变而应⑫之:火发于内,则早应之于外;火发而其兵静者,待而勿攻,极⑬其火力,可从⑭而从之,不可从则止。火可发于外,无待于内,以时发之,火发上风,无攻下风,昼风久,夜风止。凡军必知五火之变,以数⑮守之。故以火佐攻者明⑯,以水佐攻者强⑰。水可以绝⑱,不可以夺⑲。

——孙子兵法·火攻篇第十二

第七单元　变幻无穷

注解

①火：指用火烧。　②积：指积蓄的粮草。　③辎：有帷盖的载重大车。　④库：藏兵甲战车的屋舍。　⑤队：通"隧"，指道路，这里指运输设备。　⑥因：凭借。　⑦烟火：指用于火攻的器材。　⑧箕(jī)、壁、翼、轸(zhěn)：星宿名，分别为二十八星宿之一。　⑨宿(xiù)：我国古代天文学指天上某些星辰的集合体。　⑩因：根据。　⑪五火：五种火攻，即上文的火人、火积、火辎、火库、火队。　⑫应：配合；策应。　⑬极：达到极点。　⑭从：这里指进攻。　⑮数：规律。　⑯明：指效果明显。　⑰强：指增强威力。　⑱绝：隔绝；断绝。　⑲夺：夺取敌人的物资。

【今译】

孙子说：火攻形式共有五种，一是火烧敌军人马，二是焚烧敌军粮草，三是焚烧敌军辎重，四是焚烧敌军仓库，五是火烧敌军运输设施。实施火攻必须凭借某种条件，用于火攻的器材平时必须准备好。放火要根据天时，起火要选好日子。天时是指气候干燥，日子是指月亮行经"箕"、"壁"、"翼"、"轸"四个星宿区域的时候。月亮经过这四个星宿的时候，就是起风的日子。

凡用火攻，必须根据五种火攻所引起的不同变化，灵活部署兵力策应。在敌营内部放火，就要及时派兵从外面策应。火已烧起而敌军依然保持镇静，就应等待，不可发起进攻。待火势达到最盛后，再根据情况作出决定，可以进攻就进攻，不可进攻就停止。火可从外面放，这时就不必等待内应，只要适时放火就行，从上风放火时，不可从下风进攻。白天风刮久了，夜晚风就会停止。军队都必须掌握这五种火攻的变化，按规律进行火攻。用火来辅助军队进攻，效果显著；用水来辅助军队进攻，力量会加强。水可以把敌军分割隔绝，但却不能剥夺敌人的物资。

【释义】

本章介绍了五种火攻形式，分别是烧敌人的人马、粮草、辎重、武库和运输设施。这五种火攻对象由重到轻，在历史上的火攻战役中，烧敌军前三者也较常见。孙子继而又论述了火攻的准备与实施。发动火攻需要利用干燥的气候与合适的风向，这也是"知天"的体现。而实施火攻又针对不同情形采用不同策略，关键在于掌握进军的时机，利用火攻配合作战。孙子还将其与水攻比较，火攻与水攻都有助于攻击，但水攻只能断绝敌军的粮道、救援、行动等，而火攻能对敌军有生力量进行打击，运用方式也变化无穷。运用火攻、水攻等辅助方式，将大大丰富战争手段，增强战争效果，故而孙子以一个专题的篇幅对此进行了论述。

第七单元　变幻无穷

火 战 之 法

【原文】

　　火战之法，沟垒已成，重为沟堑①五步②，积薪必均疏数，从役有数，令之为属枇③，必轻必利，风辟……火既自覆，与之战弗克，坐④行⑤而北。

　　火战之法，下而衍以芥，三军之士无所出泄⑥。若此，则可火也。陵焱⑦蒋芥，薪荛⑧既积，营窟未谨。如此者，可火也。以火乱之，以矢雨之，鼓噪敦兵⑨，以势助之。火战之法。

——孙膑兵法·十阵

【注解】

①堑：壕沟。　②步：长度单位。历代不一，如周代以八尺为步，秦代以六尺为步。　③属枇：连接的枇杷，可以防止敌人进攻。　④坐：不战。　⑤行：逃走。　⑥无所出泄：无处逃脱。　⑦陵焱：凌风，大风。　⑧薪荛(ráo)：柴草。　⑨鼓噪敦兵：敲击战鼓和兵器。

【今译】

火阵的战法是，在沟垒建成后，再修筑宽度为五步的堑壕，堆积柴草要疏密均匀，安排一定数量的士兵，让他们准备好防止敌人进攻的武器，点火时动作要轻灵利落……如果火烧向自己的一方，和敌军交战是不能取胜的，要停止行动，向后撤退。

用火战的条件是，敌军的位置在下风方向，并且野草丛生，敌军就没有地方可以逃。这样，就可以使用火攻。遇上大风天气，敌军阵地上野草丛生，并且柴草积聚成堆，营地戒备又不严密。在这样的条件下，可以用火攻。用火攻造成敌军混乱，用像雨一样密集的箭射杀敌军，擂鼓呐喊、敲击兵器，用气势来协助作战。这就是火战的方法。

【释义】

孙膑也讲火攻，称之为火战，相比孙子更为全面，既包括防御也包括进攻。从修筑堑壕到堆积柴草，再到点火都有细致的步骤。在本章缺漏的一段，据推测当为敌方火攻时的策略。此外还介绍了使用火攻时的地理条件以及对作战的辅助作用。

第七单元　变幻无穷

水 战 之 法

【原文】

水战之法，必众其徒而寡其车，令之为钩、楷、荙、桓、戚、辑、□、绛皆具。进则必遂，退则不蹙①，方蹙从流，以敌之人为招②。水战之法，便舟以为旗，驰舟以为使，敌往则遂，敌来则蹙，推攘③因慎而饬之，移而革之，阵而□之，规④而离之。故兵有误，车有御徒，必察其众少，击舟豯津⑤，示民徒来。水战之法也。

——孙膑兵法·十阵

注解

①蹙：紧迫,收缩。　②招：箭靶。　③推攘(rǎng)：排斥、击退。
④规：规合。　津：渡口。

【今译】

水战的方法是，一定要使步兵人数众多而使战车数量少，命令部下准备好捞钩、缆绳等器具，船只前进时要前后跟随，后退时不可紧迫、拥挤，要适时收缩阵形顺流而下，把敌军的士兵作为攻击的目标。水战的方法是：用轻便的船只作指挥船，用快速的船作为联络船,敌军后退时就追击,敌军进攻时就收缩阵形迎战,击退敌人。要根据形势变化而整顿自己的水军部队,敌军移动就加以钳制,敌军排列成阵形就使他们混乱,敌军归合到一起就使他们离散。水战兵器中要有铧,兵车上要有驾车者和跟车者,一定要了解敌人数量的多少,在攻击敌军船只,控制渡口时,还要调动步兵配合作战。这就是水战的作战方法。

【释义】

孙武并未讲水战,只是比较了水攻和火攻,认为水攻的效果不如火攻。孙膑对水战有非常明确的介绍,从器械准备到部队阵形等方面,他特别提到了对敌军隐蔽的战车和步兵的勘察,可见对"知彼知己"的思想贯彻至深。

图书在版编目(CIP)数据

谋者之言:《孙子》选读/张慧腾编选.—上海:复旦大学出版社,2013.1
(中华根文化·中学生读本/黄荣华主编)
ISBN 978-7-309-09342-1

Ⅰ.谋… Ⅱ.张… Ⅲ.①兵法-中国-春秋时代-青年读物②兵法-中国-春秋时代-少年读物 Ⅳ.E892.25-49

中国版本图书馆 CIP 数据核字(2012)第 267880 号

谋者之言:《孙子》选读
张慧腾　编选
责任编辑/张旭辉

复旦大学出版社有限公司出版发行
上海市国权路 579 号　邮编:200433
网址:fupnet@fudanpress.com　http://www.fudanpress.com
门市零售:86-21-65642857　　团体订购:86-21-65118853
外埠邮购:86-21-65109143
大丰市科星印刷有限责任公司

开本 890×1240　1/32　印张 7.5　字数 145 千
2013 年 1 月第 1 版第 1 次印刷

ISBN 978-7-309-09342-1/B·448
定价:18.00 元

如有印装质量问题,请向复旦大学出版社有限公司发行部调换。
版权所有　侵权必究